D1697084

In deutschen Reihenhäusern

Fotos von Albrecht Fuchs und Marc Räder
Texte von Inken Herzig, Hartmut Häußermann und Werner Sewing
Herausgegeben von Daniel Arnold

CALLWEY

Impressum

1. Auflage
Copyright 2008 Deutsche Reihenhaus AG, Köln
Alle Rechte vorbehalten

Idee, Konzept & Projektleitung:
rendel & spitz, Gesellschaft für strategische Markenführung, Köln

Satz und Layout:
Praxis für visuelle Kommunikation, Wuppertal
Gesetzt aus der Zine

Lithografie:
bildarbeit henning krause, Köln

Lektorat:
Die Schreibweisen, Schmidt & Knyhala GbR, Castrop-Rauxel

Druck:
PrintConsult24 e.K., Köln
Printed in Germany

Vertrieb:
Callwey Verlag, München

ISBN: 978-3-7667-1790-0

www.reihenhaus.de
www.callwey.de

Inhalt

Vorwort des Herausgebers
Daniel Arnold   5

Wenn das Leben aus der Reihe tanzt
Inken Herzig   6

Das Glück des eigenen Heims
Fotos von Marc Räder   9

Das Reihenhaus. Vom Reformmodell zum Townhouse
Hartmut Häußermann   21

**Individuum in Serie – Das Reihenhaus
als gebaute Paradoxie der Moderne**
Werner Sewing   33

In deutschen Reihenhäusern
Fotos von Albrecht Fuchs
Texte von Inken Herzig   45

Die Autoren   242

Vorwort des Herausgebers

In den vergangenen Jahren haben wir mehr als 2.000 Reihenhäuser gebaut. „Für wen?", werden wir immer wieder gefragt. „Für Menschen wie du und ich", lautet stets unsere Antwort.

Dabei könnte es kaum bunter sein: In unseren Reihenhäusern wohnen junge und reife Paare, Familien mit einem, zwei und drei Kindern, traditionelle Lebensgemeinschaften und Patchworkfamilien, Alleinerziehende mit Hund und 3-Generationen-Familien mit Katze, Alleinstehende und Lebenskünstler. Sie sind Apotheker und Aerobic-Trainer, Busfahrer und Betriebswirt, Designer und Dachdecker, Heizungsmonteur und Hoteldirektor, Ingenieur und Industriemechaniker, Musiklehrer und Maler, Olympiasieger und Objektverwalter, Polizist und Programmierer, Rentner und Raumausstatter, Student und Schulleiter. Jeder Ausbildungsabschluss ist vertreten, ebenso eine große Spannweite des Einkommens und der Lebensstile, wie es unsere multikulturelle Gesellschaft ermöglicht. All dies sind soziodemografische Charakteristika. Eine befriedigende, anschauliche Antwort auf die selbstverständliche Frage, welche Menschen in einem deutschen Reihenhaus wohnen, bleibt aus.

Wir wollten uns daher konkrete Bilder von den Bewohnern unserer Reihenhäuser machen. Dafür haben wir den Porträtfotografen Albrecht Fuchs und den Architekturfotografen Marc Räder eingeladen, 50 Lebensgemeinschaften und einige unserer Wohnparks mit den Mitteln ihrer Kunst abzubilden. Ergänzend und bereichernd dazu erläutern die Texte der Journalistin Inken Herzig sowie der Stadtsoziologen Prof. Dr. Hartmut Häußermann und Prof. Dr. Werner Sewing Hintergründe, Zusammenhänge und Details über die Fotografien hinaus.

Das Ergebnis ist ein Schlaglicht auf eine beliebte Wohnform, die typisch ist für breite soziale Schichten in Deutschland 2008. Momentaufnahmen von Menschen, die so selbstbewusst sind, dass sie einem fremden Fotografen ihre privaten Räume freimütig öffnen und einer Journalistin Rede und Antwort stehen. Obwohl wir unsere Kunden bereits sehr gut kennen, haben uns die persönlichen Bilder genauso wie die Fülle der Lebensformen überrascht und begeistert.

Köln, im September 2008

Dr.-Ing. Daniel Arnold
Vorstand Deutsche Reihenhaus

Inken Herzig
Wenn das Leben aus der Reihe tanzt

Gleiche Vorgärten, gleiche Häuser, gleiche Grundstücke – das Leben in Deutschland erzeugt Klischees. Nirgends scheinen sie so leicht erfüllt wie im Reihenhaus. Ein Blick hinter die Türen öffnet überraschende Lebenskonzepte.

„Das Sommerleichte dieser Gegend konnte man zuerst nicht erkennen; stellt man sich heute auf eine Brücke und blickt über die Hausdächer, sieht es aus, als funkele dahinter das Meer." Tuncer G. arbeitet tagsüber in einem Bonner Hotel, abends fährt er sieben Kilometer hinaus nach Bonn-Tannenbusch. Ein Stadtteil, der in der früheren Regierungs-Hauptstadt einen Ruf genoss wie einst Berlin-Kreuzberg, aber inzwischen prosperiert. Bonn-Tannenbusch – das bedeutet auf der einen Seite Wohnhochhäuser aus den 1970er Jahren und auf der anderen Seite die Adresse „Im Sonnenhof". Rund 100 Reihenhäuser bauen sich hier an einer ehemaligen Bahntrasse auf. In den Gärten stehen akkurat gestrichene Holzhäuschen, wachsen Rosen und Tomatenbüsche, blühen Hortensien. Unter Terrassenmarkisen zischelt ein Grillfeuer, man hört Kinder lachen.

Bonn-Tannenbusch war früher ein sozialer Brennpunkt, heute profitieren selbst Alt-Bonner von dem Gebiet, das sie einst gemieden haben. Es gibt neue Supermärkte, ein Schwimmbad und eine pünktliche Anbindung an die Bonner Innenstadt. Die Adresse Sonnenhof steht inzwischen nicht mehr nur als Synonym für Junges Wohnen, sondern auch für Mehrgenerationen-Wohnen. Wie zum Beispiel bei den G.s. Die deutsch-türkische Familie lebt mit ihren Schwiegereltern nicht gemeinsam unter einem Dach, aber in direkter Nachbarschaft. „Natürlich nehmen wir meiner Tochter und dem Schwiegersohn die Enkel ab", unterstreicht Franz W., ehemaliger Postbeamter, der mit seiner Frau Birgitt gleich drei Häuser weiter lebt, als er die Haustür öffnet. Helle Farben, moderne Möbel und Familienfotos kennzeichnen das Wohnzimmer. Im Garten ist eine große Kiste mit Spielzeug gefüllt. Bei den W.s ist man auf Kinder eingestimmt, aber großväterlich ist das Leben der Rentner deshalb nicht.

Diente das Reihenhaus einst dem Gedanken puritanischer Zweckmäßigkeit, ist es heute Spiegelbild gesellschaftlicher Veränderungen. Ob Patchworkfamilie, Mehrgenerationen-Wohnen oder jung gebliebene Senioren – Reihenhäuser werden immer häufiger zum

Stellwerk flexibler Lebenskonzepte. Auch dreihundert Kilometer weiter südlich, in Ilvesheim. Die Terrasse der C.s grenzt an ein alt eingewachsenes Wohngebiet mit stattlichen Bäumen und villenähnlichen Einfamilienhäusern. Größer könnte der Kontrast zu den bunten, fröhlichen Neubauten nicht sein.

„Zuerst betrachteten uns die Ilvesheimer argwöhnisch", erzählt Ursula C., „sie hatten Vorurteile, als das neue Wohngebiet entstand. Sie fanden die Grundstücke zu klein und sprachen von Hasenställen, als sie die Rohbauten sahen, aber inzwischen gehen sie hier spazieren." Für die 51-jährige Vorarbeiterin und ihren Mann Rüdiger gewinnt das Leben in Ilvesheim neue Flexibilität. Die eingefleischten Camper wollten sich nicht durch unüberschaubare Finanzierungen binden, sondern sehnten sich nach einem unkomplizierten Wohnen. Heute sehen sie das Haus nicht nur als Altersabsicherung: „Es ist ein Platz, der auf uns zugeschnitten ist und eine gute Basis für unsere Reisen darstellt", findet Rüdiger C.

Kosten herunterfahren, die Lebensqualität erhöhen – das sind für viele Reihenhausbesitzer schlagkräftige Argumente. Ebenso der Gedanke von Zusammengehörigkeit und neuen sozialen Netzwerken. Man verlegt gemeinsam Rollrasen, stellt Carports oder Gartenhäuser auf.

Auch im Wohnpark von Speyer wird Solidarität großgeschrieben. Die Anwohner setzen sich für Verkehrsberuhigung oder neue Schulbusse ein und stärken das Zusammenleben durch Feiern. Es gibt Kinderfeste sowie das alljährliche Siedlerfest mit einem großen Stadtteil-Umzug. Industriemeister Gerd B. sammelt dafür Spenden bei ortsansässigen Firmen ein. Aus den Überschüssen von Würstchen- und Glühwein-Verkauf plant er, fürs kommende Jahr einen Gemeinschaftsgrill zu kaufen.

„Ich hatte zuerst Bedenken, im Reihenhaus zu leben", gibt Sabrina M. zu. „Die Vorgärten hatten alle die gleiche Größe und sahen identisch aus. Das Klischeehafte war es, was mich störte." Die Deutsche mit puerto-ricanischen Wurzeln hat ihrem Haus inzwischen mit modernen Möbeln und Kreativität ein individuelles Gesicht verliehen. Heute findet sie: „Das Klischee existiert nur in den Köpfen. Es kommt drauf an, was man aus dem Reihenhaus macht."

An das Leben in Reihe haben die wenigsten der frisch gebackenen Hausbesitzer gedacht. Es sind Aussteiger, Informatiker, Angehörige der US-Armee, Russen, Kroaten oder türkische Paare und haben alle eins gemeinsam: den Wunsch nach einem friedlichen Platz, an dem sie ankommen dürfen. Auch für Irina A. war das wichtig. Die 31-jährige Zahnarzthelferin aus Russland wollte nicht mehr in anonymen Stadträumen leben und entschied sich für Kaiserslautern-Weilerbach. Dort fühlt sich die junge Frau mit Mann und Kindern zwischen dem Netzwerk aus deutschen, russischen und indischen Familien geborgen.

Standen Reihenhäuser früher noch als Karikatur für die Seele des deutschen Biedermanns, die Sehnsucht nach Ordnung und Zaun, sind sie heute vielmehr Ausdruck multikultureller Gemeinsamkeiten. Das einst Trennende, unterschiedliche Pässe und Staatsangehörigkeiten, bauen die Bewohner mittlerweile genauso ab wie ihre Zäune. Immer öfter werden aus den kleinen Parzellen große, gemeinsame Grundstücke. Auch bei Familie F. aus Mainz-Kastel. Sie verzichteten mit ihren Nachbarn auf Gatter und Hecke und blicken heute auf eine große Wiese. „Das ist doch viel schöner für die Kinder!" Die Sehnsucht nach Verortung, nach einem Raum, den man gemeinsam gestalten kann, lockt inzwischen Singles wie Familien.

„Unser Haus ist wie ein kleines, heiles Haus aus einem Roman", so Tuncer G. aus Bonn. „Meine Frau beobachtet vom Fenster aus, wie die Kinder zur Schule gehen, und sie sieht, wann sie zurückkehren. Der Mensch braucht dieses Gefühl von Gemeinschaft und Sicherheit. Einen Platz, an dem er ganz bei sich sein darf."

Marc Räder
Das Glück des eigenen Heims

Frankfurt am Main

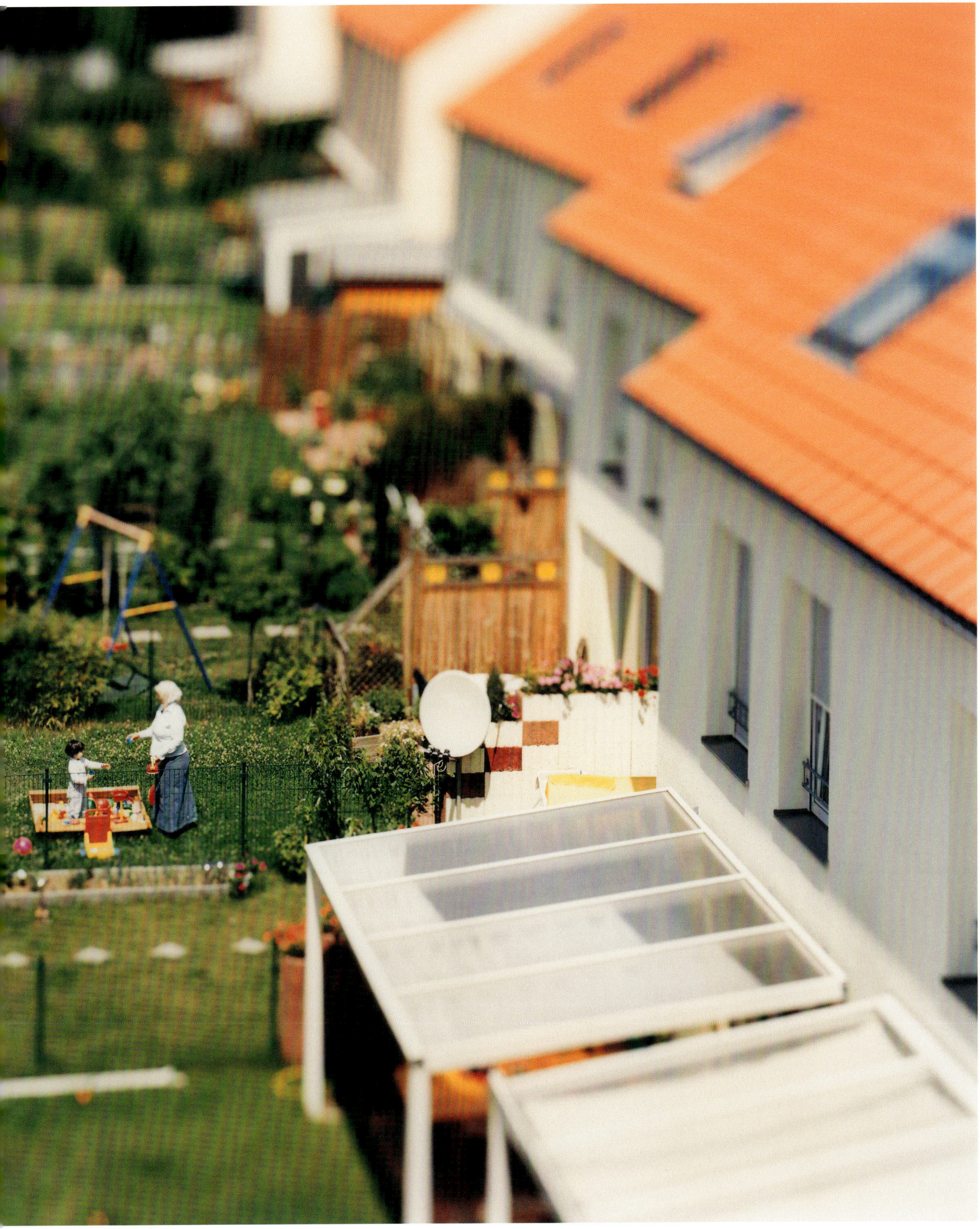

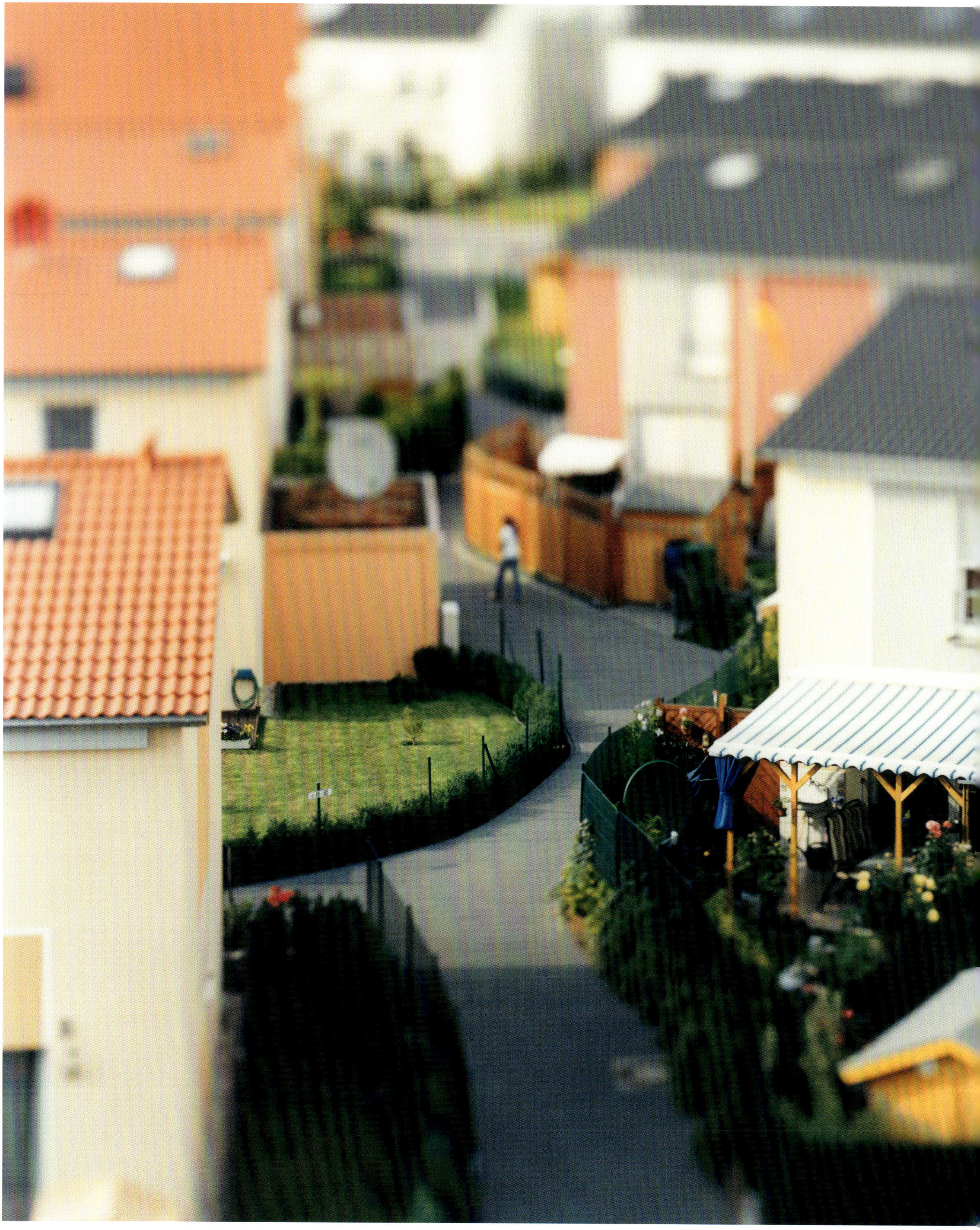

Bonn

Mainz

15

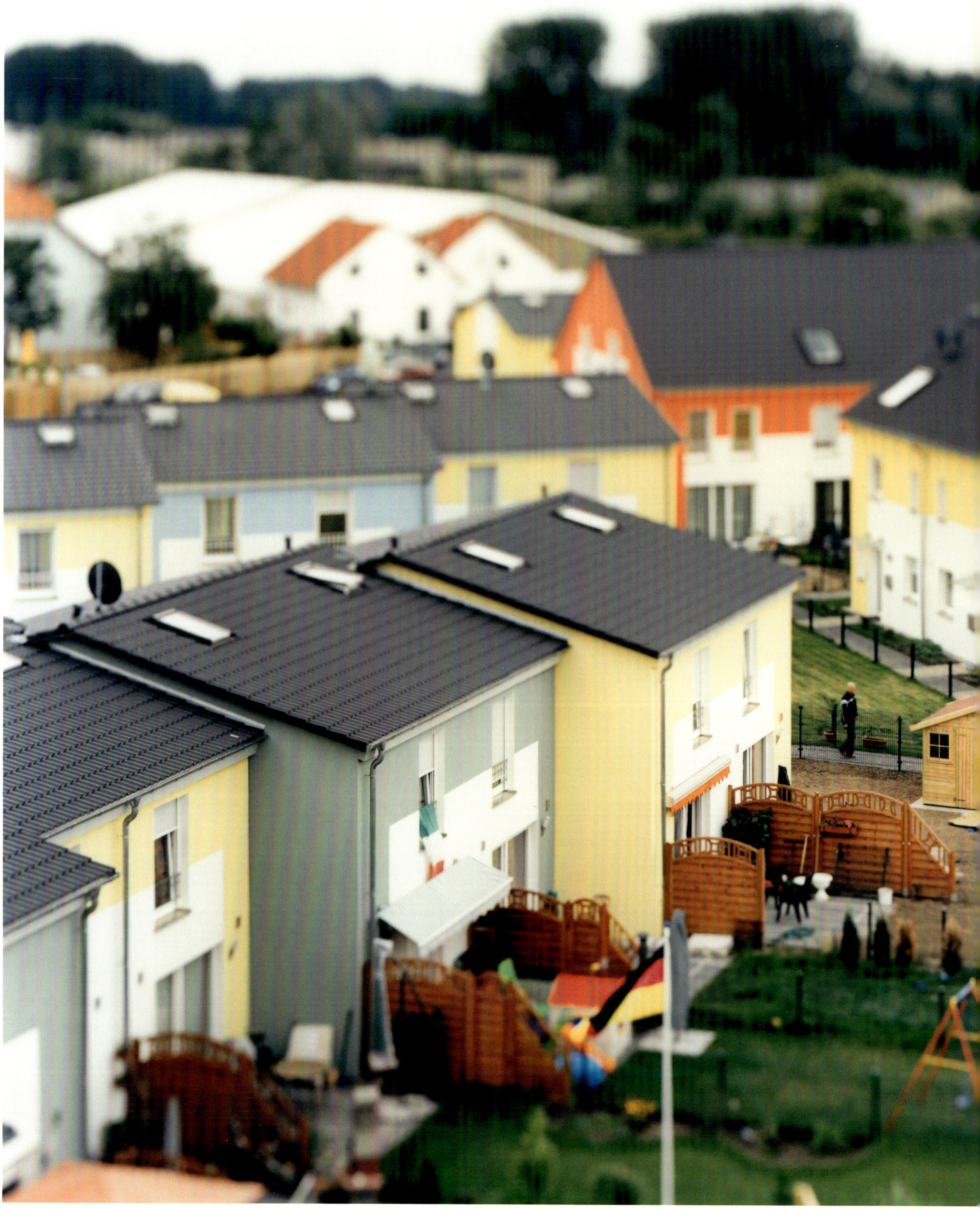

Mainz

Frankfurt am Main

19

Hartmut Häußermann
Das Reihenhaus. Vom Reformmodell zum Townhouse

Häuserzeile in Amsterdam, Niederlande © *Hartmut Häußermann*

Reihenhäuser in der Robert Schumannstraat, Utrecht, Niederlande, Architekt: G. Rietveld © *akg-images/Florian Monheim*

Hartmut Häußermann
Das Reihenhaus. Vom Reformmodell zum Townhouse

Das Wort *Reihenhaus* wird in Deutschland oft mit einem leichten Unterton der Abwertung benutzt – so, als ob es kein richtiges Haus sei, auch kein Eigenheim und auch keine richtige Etagenwohnung. Irgendwie dazwischen, irgendwie unentschieden. Vielleicht ist es die Tatsache, dass man nicht *drum rum* gehen kann, die als Freiheitsberaubung interpretiert wird? Oder ist es das Wort *Reihe*, das mangelnde Individualität signalisiert? Hat ein Reihenhaus den Geruch der zweiten Wahl?

Blickt man sich in Deutschland und erst recht in anderen europäischen Ländern um, dann wird klar, dass das Reihenhaus diese Skepsis nicht verdient. In England und in den Niederlanden ist das Reihenhaus selbstverständlich und erste Wahl für diejenigen, die die Annehmlichkeiten eines eigenen Hauses mit den Vorteilen eines städtischen oder wenigstens stadtnahen Standortes kombinieren wollen. Das Reihenhaus beansprucht weniger Baufläche als das frei stehende Einzelhaus, und daher war und ist es dort, wo mit Grund und Boden sparsam umgegangen wird oder werden muss, die Normalform des *Kleinhauses* – die Alternative zum großen Mietshaus.

Dass es zwischen Häusern keinen Abstand gibt, war in den mittelalterlichen Städten der Normalfall. So ist noch heute das Stadtbild der norditalienischen Renaissance-Städte ebenso wie das sämtlicher holländischen und englischen Städte geprägt durch eine unendliche Folge von Reihenhäusern – und auch das der Kerne deutscher Altstädte. Freilich waren es keine reinen Wohnhäuser, und beim Bauen hoher Häuser nutzte man die Möglichkeit wechselseitiger Stabilisierung.

Gegen die städtische Dichte entwickelte sich ebenfalls bereits in der Renaissance das großbürgerliche Ideal der frei stehenden Villa im Park, die bis heute in Varianten verschiedenster Größen den Traum bürgerlicher Privatheit symbolisiert – millionenfach realisiert in den Umlandgemeinden großer Städte. Wo man nicht verschwenderisch mit dem Boden umgehen und die Zersiedlung bremsen möchte, stehen dort auch in Deutschland Reihenhäuser. Das Reihenhaus ist beileibe nicht immer zweite Wahl. Während das frei stehende Einzelhaus eher an ländliche Traditionen und großbürgerliche Vorbilder anknüpft, hat das Reihenhaus sogar eine sozialreformerische Geschichte, auf die wir im Folgenden eingehen wollen.

Die englische Tradition

In England gibt es seit dem 18. Jahrhundert in sehr zentralen Lagen prächtige Häuser für die Mittelklassen – und diese Häuser lehnen sich jeweils an ihre Nachbarn an. Durch diese Bauweise entsteht eine geschlossene Straßenfront, die damals von Ästheten als größter Mangel Londons gesehen wurde, „voller Verachtung über die elegante Simplizität der Häuserarchitektur des späten 18. Jahrhunderts" (Olsen 1988, S. 44). Auch in den neu entstehenden Arbeitervierteln im ausgehenden 18. Jahrhundert wurden vor allem Reihenhäuser gebaut (vgl. Williamson 2002). Gegenüber den großen Städten in Kontinentaleuropa hatte diese Bauweise zwei Vorteile: die niedrige Bewohnerdichte (pro Hektar) einerseits und andererseits die Tatsache, dass zu jedem Haus ein Garten oder zumindest ein Gärtchen gehörte, das man nach eigenen Vorstellungen gestalten konnte. Während in den Großstädten auf dem Kontinent die Cholera-Epidemien Angst und Schrecken verbreiteten, führten die niedrige Bewohnerdichte und ein System von Abwasserrohren und Wasserleitungen dazu, dass London im 19. Jahrhundert als die gesündeste Metropole der Erde angesehen wurde.

Das viktorianische Reihenhaus ermöglichte auch innerstädtisch eine Funktionalität, die ansonsten dem reichen Bürgertum in den Villen von Suburbia vorbehalten geblieben wäre. Im mehrstöckigen Reihenhaus wurden die Funktionen der Räume in verschiedenen Etagen angeordnet: der Hausherr im Hochparterre, die Dame im 1. Stock, darüber die Schlafräume und die Kinderzimmer und ganz oben unterm Dach die Bediensteten, deren Arbeitsräume jedoch im Souterrain lagen. Komplizierte Korridorsysteme sorgten dafür, dass sich die Herrschaften und die Bediensteten nie zufällig begegneten – auch die Kinder kamen den Eltern nur beim Nachmittagstee zu Gesicht. Im Londoner Reihenhaus ging es also durchaus auch *hochherrschaftlich* zu. Ende des 19. Jahrhunderts wurden auch in London Etagenwohnungen gebaut. Die Trennung von Funktionen und Geschlechtern wurde in diesen Wohnungen komplizierter, daher waren sie auch nicht besonders beliebt. Für die unteren Einkommensgruppen wurde die Suburbanisierung möglich, als Vorortbahnen und später das Automobil auch die Überwindung größerer Entfernungen leicht möglich gemacht hatten. Dafür, dass dann im Umkreis der Städte das frei stehende Einfamilienhaus zu dominieren begann, waren auch ökonomische Gründe ausschlaggebend: Waren die

Stadtansicht von Bath, Großbritannien © *Davis McCardle/ Digital Vision/getty-images*

Typische Wohnstraße in Yorkshire, Großbritannien © *akg-images/Rainer Hackenberg*

Regent's Park, London, Architekt: John Nash, 1810-1839 © *Hartmann/Wissenschaftliches Bildarchiv für Architektur*

Reihenhäuser in Fortuneswell, Dorset, Großbritannien © mark. murphy/commons.wikimedia.org

Typische Reihenhaussiedlung der 1950er Jahre, Wuppertal © www.praxis-kom.de

geschlossenen Straßenzüge mit Reihenhäusern noch von kapitalstarken Investoren gebaut und dann stückweise verkauft worden, mussten kleinere Bauunternehmer einzelne Häuser errichten, die sie sofort nach Fertigstellung veräußern konnten. Die noch nicht vorhandenen Nachbarhäuser trugen dann sogar zur Steigerung der Kaufpreise bei.

Die Mietskasernenstadt

Auf dem Kontinent ist die Einwohnerdichte in den großen Städten deutlich höher als in England. Insbesondere in Deutschland wurden in der *Gründerzeit* (ab 1871) die Grundstücke sehr dicht bebaut, um möglichst viele Menschen in fußläufiger Entfernung zu den Arbeitsplätzen unterbringen zu können. Rendite-Interessen an intensiver Bebauung und logistische Zwänge ergänzten sich so für einige Jahrzehnte bestens. Die am raschesten wachsende Stadt in Deutschland während dieser Zeit, Berlin, legte sich einen Gürtel mit *Mietskasernen* zu, auf die sich seit dem Ende des 19. Jahrhunderts aber die Abscheu der Städtebau- und Wohnungsreformer richtete (vgl. Zimmermann 1991; Frank 1983; Berger-Thimme 1976). Sie sahen in der hohen Bebauungsdichte die Ursache für verschiedenste Übel: für die Gesundheit, für die Sittlichkeit und für die Verwahrlosung der Jugend. *Reform* hieß damals: Licht, Luft und Sonne, eine abgeschlossene Wohnung für jede Familie, möglichst gepaart mit viel Grün. Das Konzept der *Gartenstadt* wurde zu einem stadtplanerischen Ideal, zuerst ausgearbeitet von dem Engländer Ebenezer Howard (vgl. Bollery/ Fehl/Hartmann 1990). In der Gartenstadt sollten Stadt und Land versöhnt, Industrie- und Landarbeit kombiniert und gemeinschaftliche Lebensformen gestützt werden. Darüber hinaus sollte durch die genossenschaftliche Organisationsform die Ausbeutung mittels überhöhter Mieten abgeschafft werden. Die typische Wohnform sollte das Reihenhaus mit Garten sein.

In Deutschland stieß dieses Konzept auf großes Interesse bei den Städte- und Wohnungsreformern aller Richtungen. Bei der politischen Linken wurden insbesondere die genossenschaftliche Grundlage und die Abwendung von der dichten Großstadt des 19. Jahrhunderts positiv aufgenommen. Sogar der Führer der Kommunistischen Partei, Karl Liebknecht, äußerte sich in einer Rede vor dem Reichstag im Jahr 1912 dezidiert in diese Richtung. Er forderte, „dass die Städte mehr zu Gartenstädten entwickelt werden" sollten, wodurch die „Art der Bebauung, die gegenwärtig in den größten Städten leider noch üblich ist, aus dem Weg geräumt" und dadurch der „so gefährliche Charakter der Großstadt als eine Erscheinung, die das Volk von der Natur losschneidet" (zitiert nach Hafner 1990, S. 127) beseitigt werden könne. Die Bewohner der Mietskasernenstädte hat er sogar als „geistig, moralisch und körperlich verkrüppelt" bezeichnet. Von links und von rechts wurden um die Wende vom 19. zum 20. Jahrhundert die großen Mietshäuser, die im Zuge der raschen Industrialisierung in den Großstädten errichtet worden waren, wegen ihrer hohen Bebauungsdichte und wegen der mangelnden – oder besser: fehlenden – Qualität der Haustechnik als „unmenschlich" kritisiert (vgl. Bodenschatz 1987).

Die Wohnungsreform und ihr Scheitern

Konservative Kreise hatten den Massenwohnungsbau seit jeher als Fehlentwicklung betrachtet. Mit der Industrialisierung war das Proletariat in die Großstädte gekommen – eine unübersichtliche und rebellische Masse von unqualifizierten, mittellosen und unzivilisierten Menschen aus ländlichen Verhältnissen. Christliche und philanthropisch gesinnte Reformer fürchteten um die Dominanz der Kultur der bürgerlichen Lebensweise, wie sie sich in den Städten seit dem Mittelalter im Gegensatz zum rohen Landleben herausgebildet hatte. In ihren Reformvorstellungen spielte das „Kleinhaus" eine entscheidende Rolle – gleichsam als billige Variante der großbürgerlichen Villa. Die konservative Wohnungsreform verband mit der Form des *Kleinhauses* ein erzieherisches, auf die *Verbürgerlichung* der neuen Stadtbewohner gerichtetes Ziel. Den Kern der Wohnungs- und Sozialreform bildete nämlich das Leben in der Kleinfamilie. In den übervölkerten Arbeitervierteln war ein geordnetes Familienleben nicht verbreitet. Es war wegen der Wohnungsknappheit und wegen der Kosten für eine passende Wohnung angesichts niedriger und unsicherer Einkommen für die meisten unmöglich. Die *bürgerliche* Wohnungsreform strebte außerdem an, dass sich die Familienwohnung im Eigentum ihrer Bewohner befinden sollte. Kleinhaus und Familienleben wurden seit der Mitte des 19. Jahrhunderts in einer Allianz gesehen, die im Begriff des Eigenheims verschmolzen (vgl. Zimmermann 2001a).

Industrialisierung und Verstädterung von der Mitte des 19. Jahrhunderts bis zum Ersten Weltkrieg bedeuteten eine revolutionäre gesellschaftliche Umwälzung zur „Industriegesellschaft" (vgl. Hahn 1998, Wehler 1995). Diese brachte auch eine neue Wohnweise hervor und ließ das „Wohnen zur Miete" in der Etagenwohnung zur vorherrschenden Wohnform werden. Mit dem schnellen Wachstum der Bevölkerung in den Industrieregionen konnte die Neubautätigkeit nicht Schritt halten, was periodisch zu dramatischer Wohnungsknappheit führte. Da die Liberalisierung der Wirtschaftsordnung im 19. Jahrhundert zu marktgesteuerter Wohnungsproduktion und -versorgung führte, zeichneten sich die Wohnbedingungen der unterschiedlichen Besitz- und Einkommensklassen durch eine extreme soziale Ungleichheit aus. Kennzeichnend für die Wohnsituation der Unterschichten in den Großstädten waren hohe Wohndichte (Überbelegung), hohe Wohnmobilität und niedrigste Ausstattungsstandards. Erst mit der Ausweitung des Wohnungsangebots und einer Steigerung des Einkommens begannen sich die Wohnbedingungen für die unteren Schichten im 20. Jahrhundert allmählich zu bessern. Die zentrale Sorge der bürgerlichen Wohnungsreform galt der Lebensweise der städtischen Massen: Das Wohnungselend wurde gleichgesetzt mit sozialer Verwahrlosung, für die das *Durcheinanderwohnen*, die hohe Zahl von unehelichen Geburten, mangelnde Erziehung der Kinder sowie Alkoholismus, angebliche sexuelle Zügellosigkeit und Hedonismus der männlichen Arbeiter die Anzeichen waren. „So nötigt die heutige Gesellschaft die unteren Schichten des großstädtischen Fabrikproletariats durch die Wohnungsverhältnisse mit absoluter Notwendigkeit zum Zurücksinken auf ein Niveau der Barbarei und Bestialität, der Rohheit und des Rowdytums, das unsere Vorfahren schon Jahrhunderte hinter sich hatten. Ich möchte behaupten, die größte Gefahr für unsere Kultur droht von hier aus. Die Lehren der Socialdemokratie und des Anarchismus werden erst gefährlich, wenn sie auf einen Boden fallen, der so entmenschlicht und entsetzlich ist." (Schmoller 1983, 162)

Bürgerliche Wohnungs- und Sozialreform in allen ihren Varianten hatte immer den einen zentralen Bezugspunkt: die abgeschlossene Kleinwohnung für die Familie (vgl. Fehl 2001; Zimmermann 1991; Wischermann 1985). Dabei war eine familiale Arbeitsteilung selbstverständlich mitgedacht, in der Mann auf die außerhäusliche Erwerbsarbeit und die Frau auf die *Hausarbeit* festgelegt sind. Das Problem, die Männer an einen soliden Lebenswandel zu gewöhnen und die Bedingungen für eine sozial akzeptable Erziehung der Kinder zu schaffen, schien nur lösbar durch die Frau im Haus: „Man muss das Übel an der Wurzel fassen und den Grubenarbeiter mit seinem rauhen, dumpfen und schweren Schicksal dadurch zu versöhnen suchen, dass man ihm ein Heim ermöglicht. Wie kann man aber verlangen, dass Mädchen, welche die schönsten Jahre ihrer Entfaltung in den Gruben zugebracht und mit der männlichen Kleidung auch die Rücksichtslosigkeit und Roheit der Sitten der Arbeiter angenommen, einen häuslichen Herd mitbegründen und so verschönern können, dass der aus dem finstern Schoß der Erde zurückkehrende

Gatte, Vater oder Bruder lieber den Schritt nach seiner Hütte als zum Wirthshaus lenkt?" (Leipziger Illustrierte Zeitung 1873, zit. nach Dröge/Krämer-Badoni 1987, 104).

Der Kongruenz von Familie und Wohnung wurden aus der Perspektive der bürgerlichen Wohnungsreform zentrale Aufgaben bei der *Zivilisierung* des Proletariats zugeschrieben. Dem Bild einer rasch sich wandelnden, von Konkurrenz geprägten gesellschaftlichen Umwelt wurde die Institution der Familie mit ihrer solidarischen Emotionalität gegenübergestellt. In der immer komplexer werdenden Gesellschaft sollte es eine soziale Zelle geben, die Identität stiftet und sichert. Dies ist die Familienwohnung – am vollkommensten realisiert im Eigenheim, wo Person, Familie und Haus zu *Heimat* verschmelzen (vgl. Teuteberg 1987).

Die bürgerliche Wohnungs- und Sozialreform bewegte sich im Rahmen der liberalen Marktwirtschaftsordnung und diskutierte variantenreich Strategien, mit denen die Diskrepanz zwischen den Kosten einer *richtigen* Wohnung und den Einkommen der Arbeiter verringert werden könnten. Die Varianten reichten von einer philanthropisch motivierten Subvention der Kapitalkosten seitens des Bürgertums, wenn die Arbeiter selbst bauen wollten, bis zu Mietkaufstrategien von Eigenheimen im Rahmen von Baugenossenschaften, wie es Victor Aimé Huber bereits 1846 vorgeschlagen hatte (vgl. Kanther/Petzina 2000). Dagegen hat Friedrich Engels (1872) in seiner Kampfschrift „Zur Wohnungsfrage" Front gemacht, in der er die These verbreitete, dass Hauseigentum den Arbeitern den revolutionären Elan nehme und ihnen eine kriecherische Seele einhauche. Das Kleinhaus war bei der radikalen Linken im 19. Jahrhundert ein Menetekel der Entproletarisierung. Genau das aber war die Hoffnung der bürgerlichen Reformer. Da die philanthropischen Zuwendungen spärlich blieben, weil der Arbeiterbewegung durch Engels Verdikt der Eigenheim-Gedanke verdächtig war und weil es bis zum Ende des Kaiserreichs keine staatliche Förderung gab, blieb die Wohnungsversorgung der unteren Schichten den spekulativen Wohnungsunternehmen überlassen, und diese errichteten marktgerecht billige Kleinstwohnungen in Miethäusern. Das viel gerühmte Kleinhaus spielte für die Wohnungsversorgung keine entscheidende Rolle. Das änderte sich aber nach dem Ersten Weltkrieg. Nun wurde die Wohnungsversorgung zu einer staatlichen Aufgabe erklärt, und durch die damit verbundenen Subventionen wurde der Bau von Kleinhäusern möglich, die auch von weniger vermögenden Haushalten bewohnt werden konnte. Es entstand das, was später *Sozialer Wohnungsbau* genannt wurde. In der Weimarer Zeit entstanden Modelle eines Reformwohnungsbaus, bei denen das Reihenhaus eine zentrale Bedeutung hatte (vgl. Huse 1985).

Reihenhaussiedlungen als sozialreformerisches Modell
Zwei Siedlungen, die in beispielhafter Weise den Wohnungsreformvorstellungen entsprachen, wurden in der zweiten Hälfte der 1920er Jahre von gemeinnützigen Wohnungsunternehmen in Berlin errichtet: die Hufeisensiedlung in Britz und die Siedlung „Onkel Toms Hütte" in Zehlendorf. Beides sind Reihenhaussiedlungen mit Gärten bei jedem Haus. Die Wohnflächen blieben – gemessen am heutigen Standard – relativ klein. Sie sollten für *minderbemittelte* Haushalte erschwinglich sein. Auch die Industrialisierung der Bauweise wurde erprobt, um die Kosten zusätzlich zu senken. Trotz dieser Einschränkungen sind Siedlungen entstanden, die aufgrund ihrer Architektur und ihrer städtebaulichen Komposition noch heute zu den Juwelen des modernen Bauens gehören. Im Jahre 2008 wurden die beiden Berliner Modellsiedlungen – zusammen mit anderen aus den 1920er Jahren – zum Weltkulturerbe erklärt.

Dabei sind die einzelnen Häuser von einer spröden Sachlichkeit, aber das Gesamtensemble macht mächtig Eindruck. In der gleichartigen Gestaltung und im Zusammenrücken der Häuser drücken sie auch etwas aus, was zur großstadtkritischen Orientierung jener Zeit bei der Architektur-Avantgarde selbstverständliches Streben war: die Sehnsucht nach Gemeinschaft. Der *Innenwohnraum* sollte privat und abgeschirmt sein, die angeschlossenen Gärtchen sollten einen *Außenwohnraum* mit sozialer Funktion bilden. Das unauffällige Einzel-Reihenhaus symbolisierte die Einordnung in das Kollektiv der Siedlung. Gemeinschaftseinrichtungen für kulturelle und soziale Zwecke bildeten das infrastrukturelle Rückgrat des erhofften gemeinschaftlichen Lebens. Zeitgleich entstanden auch in anderen Städten ähnliche Siedlungen, wie z. B. in Dessau-Törten, Karlsruhe-Dammerstock oder Frankfurt-Praunheim. Die Planer in Frankfurt nahmen damals Anleihen bei Vorbildern in Holland (vgl. Mohr/Müller 1984, S. 74 ff.).

Nach der kurzen Periode wohnungsreformerischer Praxis verlor das Reihenhaus wieder seine Dominanz, man ging auch im gemeinnützigen Wohnungsbau zum Geschosswohnungsbau über. Der Einzug in ein Reihenhaus blieb ein Privileg für wenige. In der Folgezeit wurde das Reihenhaus zu einer preiswerten Variante des Eigenheims. Großwohnsiedlungen im sozialen Wohnungsbau auf der einen, landschaftsfressende Einzelhaussiedlungen auf

Reihenhäuser in der Hufeisensiedlung in Britz, Berlin-Neukölln, Architekt: Bruno Taut, 1925–1933

Reihenhäuser in der Siedlung „Onkel Toms Hütte" in Berlin-Zehlendorf, Architekten: Bruno Taut, Hugo Häring, Otto Rudolf Salvisberg, 1926–1932

Dessau-Törten, Architekt: Walter Gropius, 1926–1931
Alle © Hartmann/Wissenschaftliches Bildarchiv für Architektur

Beispiele für größere Bauformen des „Bremer Hauses"; links: Altmannstraße, rechts: Bulthauptstraße

Beispiele mittlere Größen; links: Lortzingstraße, rechts: Auricher Straße

Links: Kleine Varianten des „Bremer Hauses", Rüstringer Straße; rechts: Arbeiterwohnungen am Syndikushof

Alle © Staatsarchiv Bremen (Schmidt, außer unten rechts: Repro Franke)

der anderen Seite – die Zwischenform des Reihenhauses wurde von diesen Polen der Entwicklung nach dem Zweiten Weltkrieg marginalisiert (vgl. Zimmermann 2001b).

Reihenhausstadt Bremen

Die einzige deutsche Stadt, die sich auch in der Hochperiode der Industrialisierung am englischen Vorbild orientiert hat, ist Bremen. Bis in die zwanziger Jahre des 20. Jahrhunderts wurden in Bremen faktisch nur Reihenhäuser gebaut, deren Bewohner in der Regel auch ihre Eigentümer waren. Im Jahr 1929 befanden sich 92,5 % aller Bremer Wohnungen in „Kleinhäusern". Man hat damals Bremen mit einer Gartenstadt verglichen – was allenfalls mit der geringen Bebauungsdichte zu rechtfertigen war. Bremen stellte das Gegenbild zur Mietskasernenstadt Berlin dar, die sich durch eine extrem hohe Einwohnerdichte auszeichnete. In Berlin wohnten damals viermal mehr Menschen auf einem Hektar Fläche als in Bremen.

Strenge Bauvorschriften und ein besonderes Hypothekensystem hatten es möglich gemacht (vgl. Häußerman/Voigt 1988), dass sich auch einkommensschwache Familien ein Haus kaufen konnten. Die flächendeckende Bebauung durch Reihenhäuser in Bremen entstand ohne staatliche Unterstützung. Reihenhäuser prägten auch die Arbeiterviertel. Das *Bremer Haus* wurde in unterschiedlichen Größen gebaut und hatte einen typischen Grundriss: vier Zimmer auf jeder Etage, zwei größere, zwei kleine, zu denen der Zugang über ein innen liegendes Treppenhaus möglich war. Die Häuser in den Arbeitervierteln waren 5 bis 6 Meter, diejenigen in den bürgerlichen Quartieren mindestens doppelt so breit. Entsprechend groß waren die Unterschiede bei den Zimmergrößen. Während sich die bürgerlichen Familien ähnlich einrichten konnten, wie es oben für die englische Mittelschicht in London beschrieben worden ist, wohnten bei den Haushalten mit geringen Einkommen viele Personen auf engem Raum. Aber auch sie hatten private Außenräume, vorne einen Minigarten, der den Abstand zur Straße hielt, und nach hinten einen größeren Nutzgarten oder einen Hof, der für Kleintierhaltung oder Werkstätten genutzt werden konnte. Überbelegung gab es bei den Haushalten mit niedrigen Einkommen auch hier, denn sie hätten das Haus nicht ohne Untermieter abzahlen können. Die Bewohnerdichte blieb aufgrund der Reihenhausbebauung aber überall erheblich niedriger als im Massenwohnungsbau der meisten anderen Großstädte. 1903 bewohnten im Durchschnitt in München etwa 30, in Berlin 50, in Bremen aber nur 8 Personen ein Haus (Häußermann/Siebel 1996, S. 78).

Verschiedene Varianten des „Bremer Hauses" in Ansichten aus den 1970er und 1980er Jahren © *Wolfgang Voigt, Deutsches Architekturmuseum*

Reihenhausarchitektur in
Bremen; Koenenkamp, 1966
© *Joanna Kosowskaja*

Schenkendorfstraße, 1980
© *Johanna Ahlert*

Stettiner Straße
© *Johanna Ahlert*

Obwohl von Wohnungsreformern bevorzugt und in Bremen im großen Stil realisiert, wurde das Reihenhaus nicht zur dominanten Wohnform in deutschen Städten. Auch in Bremen wurde im ersten Großsiedlungsprojekt nach dem Zweiten Weltkrieg, in der Neuen Vahr, mit der Tradition des *Bremer Hauses* gebrochen, obwohl es nun mit öffentlichen Subventionen seine Enge auch bei den breiten Schichten der Bevölkerung hätte abstreifen können.

Ausblick

Reihenhaus und Einzeleigentum bildeten im Suburbanisierungsprozess der Jahrzehnte nach 1950 eine Einheit, die Reformimpulse der 1920er Jahre blieben eine kurze Episode. Dem Modell des sozialstaatlichen Aufbruchs in der Weimarer Republik gingen in der Bundesrepublik alle kollektiven Elemente verloren. Der soziale Anspruch an eine bessere Wohnungsversorgung auch der Haushalte mit nur durchschnittlichem Einkommen wurde an den sozialen Wohnungsbau delegiert, und der wurde im Laufe der Zeit immer mehr in Großsiedlungen mit Hochhäusern realisiert – was sich heute vielfach als Irrweg herausstellt. Das Reihenhaus wurde zu einer Form des Individualeigentums. Für die Mittelschichten, zu denen die große Zahl von Angestellten, Beamten, aber auch Facharbeiter zu zählen sind, deren Realeinkommen sich zwischen 1950 und 1970 vervierfachte, blieb das Reihenhaus eine erstrebenswerte Wohnform. Als Modell für ein „neues Wohnen", das auch den „minderbemittelten" Schichten zugänglich sein sollte, ist es lange Zeit nur Erinnerung geblieben. Der starken Individualisierungssehnsucht der Gegenwart kommt es freilich nicht entgegen, allenfalls als Invidualität im Käfig der Homogenität. Diesem versuchen ihre Bewohner durch eigenwillige und eigensinnige Gestaltung von Vorgärten, Hauseingängen und Balkonverschönerungen zu entkommen – oder in der Variante für die höhere Mittelschicht durch je unterschiedliche Fassaden und Grundrisse bei den *Townhouses*, als welche Reihenhäuser in Anlehnung an die englische Tradition heute gern bezeichnet werden. Modellcharakter hat es inzwischen in anderer Weise wieder erlangt: als ökologisch korrekte Bauweise im *verdichteten* Wohnungsbau.

Literatur

Berger-Thimme, Dorothea 1976: *Boden- und Wohnungsreform in Deutschland 1873-1918: Zur Genese staatlicher Intervention im Bereich von Wohnungs- und Siedlungswesen.* Europäische Hochschulschriften: Reihe 3, Geschichte und ihre Hilfswissenschaften; 68. Frankfurt/Main: Lang

Bodenschatz, Harald 1987: *Platz frei für das neue Berlin! Geschichte der Stadterneuerung in der „größten Mietskasernenstadt der Welt".* Berlin

Bollerey, Franziska; Fehl, Gerhard; Hartmann, Kristiana (Hg.) 1990: *Im Grünen wohnen, im Blauen planen. Ein Lesebuch zur Gartenstadt mit Beiträgen und Zeitdokumenten.* Hamburg: Christians

Dröge, Franz; Krämer-Badoni 1987: *Die Kneipe.* Frankfurt/M.: Suhrkamp

Engels, Friedrich 1872: *Zur Wohnungsfrage.* In: MEW 18 (1973). Berlin: Dietz, S. 209-287

Fehl, Gerhard 2001: *„Jeder Familie ihr eigenes Haus und jedes Haus in seinem Garten".* In: T. Harlander (Hg.), Villa und Eigenheim. Suburbaner Städtebau in Deutschland. Stuttgart/München: DVA, S. 18-48

Hahn, Hans-Werner 1998: *Die industrielle Revolution in Deutschland.* München: Oldenbourg

Häußermann, Hartmut; Siebel, Walter 1996: *Soziologie des Wohnens.* Weinheim: Juventa

Häußermann, Hartmut; Voigt, Wolfgang 1988: *Das Bremer Haus – die vorweggenommene Wohnungsreform?* In: J. Rodríguez-Lores/G. Fehl (Hg.), Die Kleinwohnungsfrage. Zu den Ursprüngen des sozialen Wohnungsbaus in Europa, Band 8 der Reihe Stadt, Planung, Geschichte. Hamburg: Christians, S. 259-278

Huse, Norbert 1985: *Neues Bauen 1918 bis 1933. Moderne Architektur in der Weimarer Republik.* Berlin: Ernst & Sohn

Mohr, Christoph; Müller, Michael 1984: *Funktionalität und Moderne.* Köln: Rudolf Müller

Olsen, Donald J. 1988: *Die Stadt als Kunstwerk: London, Paris, Wien.* Frankfurt/Main: Campus

Schmoller, Gustav von 1983: *Ein Mahnruf in der Wohnungsfrage.* In: H. Frank; D. Schubert (Hg.), Lesebuch zur Wohnungsfrage. Köln: Pahl-Rugenstein, S. 159-174

Teuteberg, Hans Jürgen 1987: *Eigenheim oder Mietskaserne: Ein Zielkonflikt deutscher Wohnungsreformer 1850-1914.* In: H. Heineberg (Hg.), Innerstädtische Differenzierung und Prozesse im 19. und 20. Jahrhundert. Geographische und historische Aspekte. Köln, Wien: Böhlau, S. 21-56 (Stadtforschung, Reihe A, Bd. 25)

Wehler, Hans-Ulrich 1995: *Deutsche Gesellschaftsgeschichte, Band 3. Von der „Deutschen Doppelrevolution" bis zum Beginn des Ersten Weltkriegs: 1849-1914.* München: Beck

Williamson, Jeffery 1988: *Coping with city growth during the British Industrial Revolution.* Cambridge: University Press

Wischermann, Clemens 1985: *Familiengerechtes Wohnen.* In: H. J. Teuteberg, (Hg.), Homo habitans. Zur Sozialgeschichte des ländlichen und städtischen Wohnens in der Neuzeit. Münster: Coppenrath, S. 169-198

Zimmermann, Clemens 1991: *Von der Wohnungsfrage zur Wohnungspolitik. Die Reformbewegung in Deutschland 1845-1914.* Göttingen: Vandenhoeck & Rupprecht

Zimmermann, Clemens 2001a: *Wohnungspolitik – „Die irdische Heimstätte".* In: T. Harlander (Hg.), Villa und Eigenheim. Suburbaner Städtebau in Deutschland. Stuttgart/München: DVA, S. 64-75

Zimmermann, Clemens 2001b: *Wohnungspolitik – Eigenheime für alle?* In: T. Harlander (Hg.), Villa und Eigenheim. Suburbaner Städtebau in Deutschland. Stuttgart/München: DVA, S. 330-349

Neue Townhouses in Berlin-Mitte
© *Hartmut Häußermann*

Werner Sewing
**Individuum in Serie –
Das Reihenhaus als gebaute
Paradoxie der Moderne**

Place Royal, Paris, Architekten: Louis Métezeau, Jean Androuet Du Cerceau, Claude Chastillon, 1600-1649 (heute Place des Vosges)

Place des Vosges, Paris

Covent Garden, London, Abb. von 1717 Alle © Wissenschaftliches Bildarchiv für Architektur (Foto: Hartmann)

Werner Sewing
Individuum in Serie –
Das Reihenhaus als gebaute Paradoxie der Moderne

Im Jahre 1826 bereisen zwei hohe preußische Beamte von Mai bis August England und Schottland. Der eine, Peter Christian Wilhelm Beuth, ist als Gründer der preußischen Gewerbeschule zuständig für die technische und gewerbliche Entwicklung des gerade wirtschaftlich noch rückständigen Landes. England, bereits seit fünfzig Jahren die führende Industriemacht Europas, also der Welt, der *Workshop of the World*, beeindruckt die beiden Besucher, ruft aber auch ästhetische Abwehr gegen die Hässlichkeit der Fabriken hervor und löst eine leichte moralische Irritation über das Schicksal der Arbeiter aus.

Der zweite hohe Beamte ist verantwortlich für das Bauwesen in Preußen. Technische Innovation fasziniert ihn, der Tunnel unter der Themse bei Greenwich zum Beispiel, generell der architektonisch-konstruktive Einsatz des Eisens. Auch die rationale, unternehmerische Planung der rapide wachsenden Städte, allen voran London, aber auch die keine sechzig Jahre alte, immer noch recht leere *New Town* in Edinburgh oder der noble Kurort Bath sind große planerische Leistungen. Ästhetisch befriedigend sind sie für Karl Friedrich Schinkel, den preußischen Geheimen Oberbaurat und Professor der Baukunst, aber nicht.

Gerade die *civile* Architektur, der Wohnhausbau in den Städten jenseits der eher gelungenen Landsitze, stößt auf Ablehnung. In Manchester moniert Schinkel am 17. Juli: „Entsetzlich breite Trottoirs, 20-30 Fuß, aus den schönsten Steinen, in unbedeutenden, aber breiten Straßen. – Die unglückliche Türarchitektur aus London wiederholt sich hier wie in ganz England vieltausendmal." Türarchitektur? In London hatte er am 10. Juni notiert: „Alles hier ist kolossal. Die Ausdehnung der Stadt nimmt nie ein Ende. Will man drei Besuche machen, so kostet es einen vollen Tag, denn schon in der Stadt wird jede Distanz nach Meilen berechnet, wenn man fahren will. 10.000 Häuser werden jährlich gebaut, lauter Spekulation, die durch die sonderbarste Gestaltung reizbar gemacht werden sollen. Oft sieht man lange Reihen von Palästen, die nichts anderes als viele 3 und 4 Fensterbreiten aneinandergeschobene Privatwohnungen sind, denen man gemeinschaftliche Architektur gegeben hat."

Schinkel beschreibt die erste moderne Metropole, ein Los Angeles um 1800. Der Berliner Bürokrat ist noch die überschaubare Bürgerstadt gewohnt, seine Kapitale wird erst um 1900 die Züge einer Metropolregion annehmen. Auch der Wohnungsbau in dieser neuen Welt sprengt das alte Modell vom Bürger als Bauherren auf seiner eigenen Parzelle. Zwar standen auch im Mittelalter die Häuser irgendwie in der Reihe – Reihenhäuser, also Privatheit unter der funktionalen und ästhetischen Dominanz von Serie, Takt und Rhythmus der Großform waren sie nicht. So gesehen war das Individuum, der Bürger, auf der Parzelle im Mittelalter freier im Ausdruck seines Ranges, wenn auch nach den flexiblen Regeln der Zünfte.

Schinkel sah es klar: In England war eine neue Zeit schon seit über hundert Jahren Realität, in ihr wurde die Stadtentwicklung dominiert vom Spekulanten als Architekt (oder vice versa) – im Verein mit dem adeligen Grundbesitzer – und der sehr kommerziellen Regentschaft der Georgs, den Königen aus Hannover. Häuser werden als Reihen wie aus der Strangpresse gezogen, mit einem hohen Grad an Standardisierung. Auch wenn die fassadenhafte Architektur Schinkels klassischen Idealen zu folgen scheint, gute Architektur ist diese flache „Türarchitektur" für ihn nicht.

Die Reihe als Typ: Baugeschichte als Mentalitätsgeschichte

Die Rede ist von der Geburt des Reihenhauses, einem in dieser Form in Europa weitgehend noch unbekannten Typus des Wohnhauses, der in großen *Estates*, früheren stadtnahen Ländereien von Adligen, zum seriellen Modul ganzer repräsentativer Stadtteile wurde. So in Bloomsbury, das sich im Besitz des Earl of Bedford befand und immer noch befindet. Der Name für diese Monumentalserien immer gleicher schmalbrüstiger, hoher Reihenhäuser war *Terrace*. „Enorme Anlagen, palastartig zusammengebaute Privathäuser", so Schinkel am 12. Juni über die Prachtbauten am Regent's Park, die John Nash, Schinkels Zeitgenosse, ein Spekulant und Architekt, unter dem Prinzregenten (daher Regency Style), dem späteren George IV., als größte städtebauliche Maßnahme der Metropole zwischen Picadilly, Regent Street und Regent's Park spekulativ errichtet hatte.

Edinburghs „New Town" aus der Luft. Straßenansicht von Moray Place (unten) © *Douglas Corrance*

Bedford Place, London, Architekt: James Burton, 1790-1809

Somerset House, London, Architekt: Sir Robert Smirke, 1810-1839

Carlton House Terrace, London, Architekt: John Nash, 1810-1839 *Alle © Hartmann/ Wissenschaftliches Bildarchiv für Architektur*

Der Begriff geht wohl auf die *Adelphi Terrace* zurück, eine zweigeschossige Uferterrasse aus Kolonnaden an der Themse neben Somerset House, die eine elegante Reihenhausbebauung mit palastartig vorgeblendeter Fassade trug. Als Spekulationsobjekt der Brüder Robert und James Adam, die auch in Bath und Edinburgh tätig waren, erwies es sich zwar als Flop, als Namensgeber für einen neuen, florierenden Bautypus war es jedoch erfolgreich im angelsächsischen Raum – erst in unserem Jahrtausend werden nun in Berlin-Treptow die Berlin-Terraces gebaut.

Das Reihenhaus, so die erste Einsicht des historischen Rückblicks, ist also großbürgerlichen und aristokratischen Ursprungs, gar monarchisch geadelt. Der Kontrast zur heutigen Wahrnehmung dieses Bautypus könnte kaum größer sein: das Reihenhaus als gerade noch erschwingliches Wohnen für Normalverdiener, die sich ein frei stehendes Haus, ihre eigentlich erste Wahl, nicht leisten können.

Schinkels ablehnende Reaktion auf diesen radikal neuen Typus von Stadt steht für die sich abzeichnende Geografie des Reihenhauses. In Preußen wird sich das Reihenhaus nicht etablieren! Ausnahmen in Hamburg und Bremen gehen auf die hanseatische Beziehung zu England zurück, am Niederrhein ist ein Einfluss der Reihenhaustradition der Niederlande spürbar, die über Belgien bis Nordfrankreich führt. Ansonsten bleibt in Europa die alte Stadt so lange intakt, bis im Verlauf der gegenüber England verspäteten Industrialisierung die neue Stadterweiterung in Gestalt von dichten Wohnblocks und einer nach Pariser Vorbild monumental stilisierten Innenstadt mit Boulevards und Repräsentationsplätzen mit Monumenten ab Mitte des 19. Jahrhunderts Gestalt annimmt. Die Altstadt wurde teils radikal verkleinert, als Wohnort war sie entwertet. Der Marais in Paris, heute einer der teuersten Stadtteile mit seinen alten Stadtpalästen, wurde Slum, die Berliner Innenstadt zur neu gebauten City.

Die Vorstädte hingegen wurden mit Villen oder frei stehenden Kleinhäusern zu einer Gegenwelt, einer europäischen Suburbia. Zu Arkadien sollte es nur selten reichen. Reihenhäuser waren hier fast ebenso selten wie in den zentrumsnahen Quartieren. In der angelsächsischen Welt hingegen wird das Wohnen in der Reihe vom 18. bis in die Mitte des 19. Jahrhunderts zur Regel. Die Terraces werden als Gestaltungselement gereiht, gebogen in kreisförmige Plätze oder in halbmondförmige *Cres-*

cents zum formalen Gestaltungselement einer Großform, Park und grüner (privatisierter) Platz, der *Square*, signalisieren ein neues, oft noch eigenartig leeres (man erinnere sich an Schinkel) Verständnis von öffentlichem und zugleich exklusivem Raum und durchgrünter Stadt. Aus heutiger Sicht eine funktional frappierend moderne Idee von Stadt mit einer zunehmend konsequenteren Trennung der Funktionen, insbesondere von Wohnen und Arbeiten und von verschiedenen Verkehrswegen. Die Wohngebiete werden von der Geschäftsstadt – hier hat die heutige *City* ihren Ursprung – und dem Verkehr separiert. An den Ausfallstraßen entsteht bereits das heute typische Durcheinander kommerzieller Nutzungen, der *Strip*.

Aber auch die sozialen Klassen werden getrennt. Eine feine sozialräumliche Hierarchie von Reihenhausquartieren greift Platz. In den Estates der Oberschicht artikuliert sich die Ungleichheit in den Terraces im Oben und Unten der Geschosse, im berühmten *Upstairs/Downstairs*. Die Dienstboten verschwinden über eigene Treppenhäuser im Souterrain oder unter dem Dach. In der Fläche des riesigen Stadtraums distanzieren sich im Verlauf des 19. Jahrhunderts die neuen, kleineren Reihenhäuser in den Vorstädten, in *Suburbia*, für die verschiedenen Ränge der Mittelschicht. Die neuen Arbeiterquartiere im Gefolge von Industrie und Gewerbe entstanden erst nach Schinkels Reise, wurden als Reihen von häufig nur zwei Räume umfassenden Kleinsthäusern zur Basis des Classic Slum (Robert Roberts). Natürlich sind diese Arbeiterquartiere nicht durchgrünt. Das Reihenhaus behält im übrigen Europa oft wegen dieser Assoziation mit den Slums den Ruch des Billigen, von *Low Culture*.

Nachhaltiger gegen das Reihenhaus aber wirkt ab Mitte des 19. Jahrhunderts die Entstehung von Suburbia in den USA. Hier hatte das Reihenhaus als Row House die Städte der Ostküste bis etwa 1850 dominiert, bereits als klassenübergreifendes, egalitäres Element, das auch die Einwandererschübe als rationalisierter Standardbau aufzunehmen in der Lage war. Um 1850 ist dieser Boom, mit einigen Ausnahmen, etwa in Chicago oder in New York, wo sogar ungeliebte Mietshäuser, Tenement-Houses florieren, gestoppt: Ein drastischer Leitbildwandel erfasst die USA, die gerade von neuen Einwanderungswellen überspült werden. Das stadtnahe Wohnen im frei stehenden Einfamilienhaus, in England und in den Ostküstenstaaten der USA als natürlicher Landsitz der Oberschicht lange üblich, wird nun erstmals in den USA als rationalisierter Typus zum er-

Blick auf Royal Crescent, Bath, Großbritannien
© *Adrian Pingstone / commons.wikimedia.org*

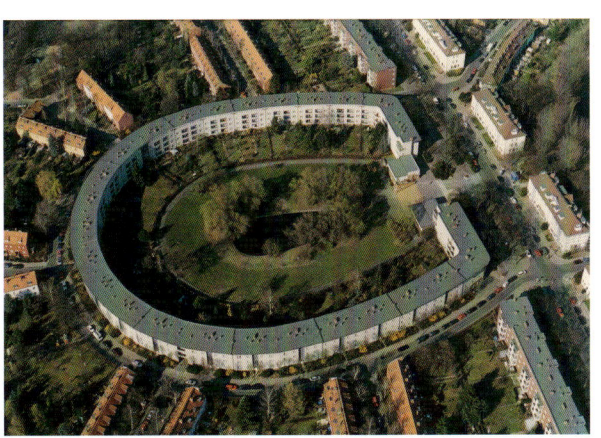

Hufeisensiedlung in Britz, Berlin-Neukölln. Architekt: Bruno Taut, 1925-1933 © *akg-images / Reimer Wulf*

„Baltimore row houses", Baltimore, Maryland, USA, 19. Jahrhundert © *Dmitri Kessel/ Time & Life Pictures/gettyimages*

Alle Bilder: Gartenstadt Falkenberg, Berlin-Treptow; Architekt: Bruno Taut, 1913–1915
Außer unten rechts: Versuchssiedlung „Am Fischtal", Berlin-Zehlendorf, Architekt: Heinrich Tessenow (Koordinator), 1928–1929 *Alle © Hartmann/ Wissenschaftliches Bildarchiv für Architektur*

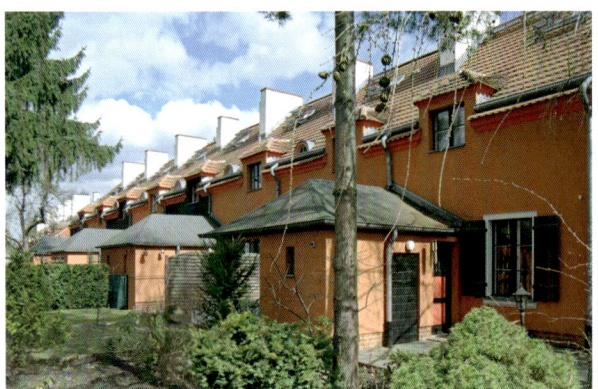

schwinglichen Lebensmodell für alle Klassen – und mit der Erfindung des Automobils zum Erfolgsmodell weltweit: *Suburbia takes Command*. Während die Reihenhaussuburbia in England Statusverluste erleidet, wird das amerikanische Modell, das auch in Australien und Kanada längst die Regel geworden war, zum Standard. Im Mutterland von Reihenhaus und Suburbia, in England, wird bald der burmesisch inspirierte Bungalow zur Mode. Das Reihenhaus bleibt dort zwar die vorherrschende Realität, nicht aber als Ideal.

Aus der Reihe tanzen. Ein Typ im Mentalitätswandel zwischen Stadt und Vorstadt
Ein verbreitetes Ideal war es natürlich in Deutschland noch viel weniger, das Traumhaus hatte und hat frei zu stehen, ansonsten kann man in der Mietwohnung leben. An diesen Wunsch konnte auch die deutsche Diskussion nach 1945 nahtlos anknüpfen, denn die kulturelle Attraktivität des Kleinhausmodells war vom Kaiserreich bis zum Dritten Reich kontinuierlich gestiegen. Auch von dem Nachkriegsboom sollte also das frei stehende, nicht das Reihenhaus profitieren.

Seit 1900 hatten zwar Reformarchitektur, Heimatschutz und die frühe Moderne im Anschluss an die englische Kleinhausreform und die romantisierende Gartenstadtidee kostengünstige Reihenhäuser von Berlin-Falkenberg über die Berliner Siedlungen der 1920er Jahre bis hin zur Frankfurter Römerstadt gebaut, zunehmend aber wurden in der Moderne die Typologien auf Zeile und Einfamilienhaus reduziert. Die Indizien aber mehren sich heute, dass in der dramatisierten Nachhaltigkeitsdebatte erstmalig ein Dammbruch gegen das Eigenheim eintreten könnte. Auch das Reihenhaus ist von dieser Diskussion betroffen, könnte aber auch davon profitieren.

Kulturell gilt es in der Sicht großstädtischer Feuilletons und soziologischer Seminaristen als Brutstätte vorstädtischer Langeweile und Monotonie, der vor allem Hausfrauen und Teenager ausgeliefert seien. Wer in der Gesellschaft dabei sein will, muss in den hippen Szenevierteln oder in den großbürgerlichen Quartieren wohnen. *Demografisch* droht es nach dem Auszug der Kinder bei einer alternden Gesellschaft zum Gefängnis immobiler Alter zu werden. Die Immobilienpreise könnten drastisch fallen. *Ökologisch* gilt das Einfamilienhaus als Sündenfall, der hohen Heizkosten und der aufwendigen Mobilität wegen. Hier aber ist das Reihenhaus weniger im Visier der Kritik, seine Energieeffizienz ist

Onkel Toms Hütte, Berlin-Zehlendorf, Architekten: Bruno Taut, Hugo Häring, Otto Rudolf Salvisberg, 1926–1932

Versuchssiedlung „Am Fischtal", Berlin-Zehlendorf, Architekt: Heinrich Tessenow (Koordinator), 1928–1929

Alle © Hartmann/Wissenschaftliches Bildarchiv für Architektur

Römerstadt Frankfurt, Fotos um 1930, Architekt: Ernst May, 1927-1928 © *ISG Frankfurt am Main*

hoch, seine Stadtrandlage häufig besser mit dem öffentlichen Nahverkehr vernetzt.

Seit einigen Jahren erreicht uns in dieser Diskussion aber die frohe Botschaft einer neuen Urbanität, eines Zurück in die Stadt, Townhouses oder Lofts, Cafés und Clubs sind angesagt. Neu ist dieser Trend aber nicht, eher die neueste Spitze eines längeren Mentalitätswandels bei einigen Lebensstilgruppen. Seit den siebziger Jahren des 20. Jahrhunderts beobachten wir eine „Neue Urbanität", so der Titel der klassischen Studie von Hartmut Häußermann und Walter Siebel von 1986. Der säkulare Vorgang der Abwanderung der Mittelschichtsfamilien in die Vorstädte geht zwar weiter, gleichzeitig aber werden innerstädtische Lagen wieder aufgewertet. Jüngere Milieus, kreative Berufe, Singles, aber auch einkommensstarke Pensionäre zieht es in die Nähe der Kultur- und Freizeitzentren, des Nachtlebens. Die Soziologie spricht von *Gentrifikation*. Mittelschichten verdrängen ärmere soziale Gruppen. Diese „postmoderne" Form der Segregation wird unter dem Aspekt der Entstehung neuer Lebensstile untersucht. Alte Sozialmilieus ziehen sich zurück, eine Politik der neuen Lebensstile reorganisiert ganze Stadtteile. Tourismus und Eventkultur verändern den Stadtraum in den historischen Zentren. Die Gentrifizierung schlägt sich übrigens auch auf dem Land nieder. Als „Exopolis" für Kreative, als Meditationsort oder als Tagungsort metropolitaner Stiftungen hat der ländliche Raum längst eine neue Zukunft im Magnetfeld der metropolitanen Netze.

Aber nicht nur die in die Jahre gekommenen Jugendkulturen, die „Szenen" verwandeln die Stadt. Die Gesellschaft wird vor allem immer älter, die Alten bleiben auch länger jung und aktiv. Die wenigen Seniorenresidenzen dürften mit ihren reichhaltigen Dienstleistungsangeboten nur einer begrenzten, sehr zahlungskräftigen Klientel einen hotelähnlichen Standard bieten können. Mit der Schrumpfung der Gesellschaft könnte sich auch der Trend zu suburbanem Wohnen von Alten tendenziell umkehren, da lebenswichtige Dienstleistungen nur noch mitten in oder in Nähe der Stadt zu haben sein werden.

Tatsächlich aber kann die „Wiederentdeckung" der Stadt durch junge und alte Szenen nicht die gegenläufige Randwanderung stoppen, sie bremst sie nur ein wenig. In den Metropolregionen wachsen die Umlandgemeinden nach wie vor mehr als die Städte. Wichtigster Träger dieser Randwanderung bleibt die junge Familie, deren Budget gegenwärtig eher stagniert. Das raffiniert geschnittene und sensibel vernetzte Reihenhaus ist nach wie vor ein Wohntypus, der diesen jungen Familien entgegenkommt. Die hoch subventionierten Townhouses, wie sie in Berlin in kleiner Zahl gebaut werden, sind vor diesem Hintergrund ein politischer Versuch, gerade diese Klientel an die Stadt zu binden. Nicht das Loft, die Etagenwohnung oder die Maisonette scheinen diesem Ziel dienen zu können. Townhouse – ein Eingeständnis, dass die deutsche Idee vom Wohnen der englischen sehr nahe gekommen ist?

Denn selbst heute definiert das Eigenheim immer noch das gebaute Bild von Gemütlichkeit, Privatheit und vor allem – Familie. Der Anteil der Ein- und Zweifamilienhäuser betrug 2002 in Großbritannien 75,5 %, in den Niederlanden 71 %, in Österreich 66,1 %, in Deutschland 46,2 %, in der reichen Schweiz hingegen nur 37,2 %. Das Eigenheim erscheint nach wie vor als der Garant von Privatheit und Familie. Familie gewiss, aber welche Privatheit? Der Wohnbau gilt seit Robert Musil als die neutralisierende Hülle für die „kochende Blase" der Intimität, auch wenn diese in der heutigen Konsumgesellschaft wohl eher moderat köchelt. Der Wiener Kulturkritiker Karl Krauss lag da schon richtiger: „Gemütlich bin ich selber."

Eiche rustikal, schwarze Ledergarnituren, Sofas mit Püppchen, Riesenschrankwände und verschiedenfarbige Handtücher stehen auf dem Index – die Rede ist nicht von einem heutigen Karl Kraus, sondern von der Meinungsbildung einer neuen Diskursgemeinschaft, einer „Community" auf den Internetseiten *Solebich.de*, *Mynesto.com* oder *ydeco.com*. Hier veröffentlichen seit einem Jahr Zehntausende von Teilnehmern ihre Wohnungen, häufig auch mehr: ihr Privatleben, sich selbst, vor Hunderttausenden von Interessierten oder Voyeuren.
Wir sind jenseits aller theoretischen und ideologischen „Aufbürdungen" beim Ureigensten des Wohnens, bei der Gestaltung des persönlichen Habitats, dort, wo das Ich ganz bei sich ist – oder zu sein glaubt. Denn zugleich wissen wir natürlich um die soziale Prägung dieser Subjektivität, ihre Abhängigkeit von tradierten Mustern, von wechselnden Moden und Stilen. Dieses Wohnideal feiert damit im World Wide Web genau in

Versuchssiedlung Schorlemer Allee, Berlin-Zehlendorf, Architekten: Brüder Luckhardt, Alfons Anker, 1925-1930 © *Hartmann/ Wissenschaftliches Bildarchiv für Architektur*

dem Medium einen neuen Triumph, das die traditionelle Idee von Privatheit noch radikaler infrage stellt als bisher unsere Abhängigkeit vom Sozialen. Dabei gilt das Wohnen immer noch als die existenzielle, anthropologische Vorbedingung unserer Personwerdung und unserer Individualität, selbst wenn wir den Großteil des Lebens im Büro verbringen. Die Medienrevolution erfordert nun ein neuerliches Aushandeln des prekären Verhältnisses von Privatheit und Gesellschaft.

Die Frage nach dem Wohnbau ist damit natürlich nicht gelöst. Man kann vermuten: Das Land wird weiterhin die Domäne des frei stehenden Einfamilienhauses, die Dörfer und Kleinstädte eher größere, vielleicht pittoreske Haufendörfer bleiben. Nicht neue Großformen, sondern eine Bauweise mit mittlerer Verdichtung, mit Reihen- und Hofhäusern wird für die neuen Verdichtungsräume in der Zwischenstadt, an den ausfransenden Stadträumen zwischen den Kernstädten, der geeignete Weg einer moderaten Nachverdichtung sein. Das Reihenhaus wird gerade in diesen Zwischenräumen als

Siedlung Halen, Bern, Schweiz,
Architekten: Atelier 5, 1958-1962
© Atelier 5, Fotos oben und
Mitte: Leonardo Bezzola,
Foto unten: Balthasar Burkhard

Modul zur Verdichtung des Raumes am Stadtrand und als vielleicht auch zu terrassierendes Element zur Auflockerung hoch verdichteter Räume ein Typus bleiben. Er eignet sich in der kleinen Serie, immer gezielt auf den Ort bezogen, nicht aber als flächendeckendes städtebauliches Element.

Wenn es stimmt, dass Innovationen in der Architektur unter dem Druck sozialer Veränderungen befördert werden, dann müssen wir demnächst Zeugen oder Akteure eines derartigen Moments werden. Neue und alte Paradoxien der Moderne steigern sich: Suburbanisierung bei gleichzeitiger Wiederentdeckung der alten Stadt durch alternde Junge und junge Alte, Urbanität als Homogenisierung unter den Slogans von Mischung und Differenz und forcierte Individualisierung, begleitet von nostalgischer Sehnsucht nach Gemeinschaft, Neue Tradition und alternde Moderne – und natürlich: Nachhaltigkeit als Kult, Umweltgefährdung als Alltag. Nun ist Architektur nicht nur Problemlösung, sondern auch gebaute Weltanschauung und Zeitgeist. Es sind diese letztlich kaum entscheidbaren weltanschaulichen Konflikte, die aber Problemlösungen erzeugen können, bevor die Probleme sich stellen.

Der Soziologe Ulrich Beck hatte in den 1990er Jahren einen großen Erfolg mit der Formel UND, nicht ODER. Keine Paradoxien mehr, sondern das Beste beider Welten, also „Völlerei UND Schlankheit" usw. Heute fehlt uns eher der Glaube an diesen Traum, für die Frage des Wohnens aber könnte die Formel immer noch eine Herausforderung sein, als „regulative Idee". Bereits 1926 kannte der Berliner Literat und Intellektuelle Kurt Tucholsky die Formel für gelungenes Wohnen:

„Ja, das möchste:
Eine Villa im Grünen mit großer Terrasse,
vorn die Ostsee, hinten die Friedrichstraße,
mit schöner Aussicht, ländlich-mondän,
vom Badezimmer ist die Zugspitze zu sehn –
aber abends zum Kino hast dus nicht weit.
Das Ganze schlicht, voller Bescheidenheit:
Neun Zimmer – nein, doch lieber zehn!
Ein Dachgarten, wo die Eichen drauf stehn,
Radio, Zentralheizung, Vakuum, eine Dienerschaft, gut gezogen und stumm,
eine süße Frau, voller Rasse und Verve
(und eine fürs Wochenend, zur Reserve) ..."
(Berliner Illustrierte Zeitung 31.07.1927)

Zugegeben, nicht alles davon ist mehr zeitgemäß oder gar politisch korrekt, für das Reihenhaus als Modul einer komplexen Stadt, auch in der Vertikalen gestapelt, ist dieses Wohnideal aber eine ideale Vorlage. Das Reihenhaus ist für diese auch mit unserer heutigen Lebensstilvielfalt harmonisierbare Vision sogar geeigneter als das sonst eher bevorzugte frei stehende Haus, man denke etwa an die Urbanisierung stadtnaher Industriebrachen. Das private Wohnhaus als „das Labor der architektonischen Einfälle" des 20. Jahrhunderts, so Terence Riley vom New Yorker MoMA, war nämlich immer auch ein Labor für verdichtetere Lagen oder gar für den innerstädtischen Geschosswohnungsbau. Wenn heute die Ansprüche an das naturnahe offene Wohnen in Suburbia sich aus ökologischen und sozialen Gründen als illusionär erweisen, bedarf es der Erprobung größerer Freiheitsgrade im innerstädtischen Wohnbau, auch mit dem Modul des frei stehenden Eigenheims: im innerstädtischen Hybridbau. Villa Tugendhat, Villa Savoye oder Fallingwater als Modelle befreiten Wohnens: Preziosen und Ikonen als Module für die Massenwohnung?

Eine zweite Typologie, die einer neuen Aneignung noch harrt, ist das Hofhaus, auch als Atriumhaus bekannt, das in Clustern als Teppichsiedlungen in den 1950er Jahren sehr populär war. Trotz eines hohen Interesses bei den Nutzern ist diese Variante verdichteten Wohnens heute kaum noch auf dem Markt, eine Wiederaufnahme der Diskussion überfällig. Der Typus des Reihenhauses in verschiedenen Lagen, vorstädtisch oder innerstädtisch, vernetzt mit anderen Siedlungstypen, bleibt ein wichtiger Baustein des Wohnens in der Region, eher aber in Klein- oder Mittelstädten, seltener in Metropolen. Das letztlich nicht auflösbare Tucholsky-Paradox – wir leben es weiter.

Townhouses in Berlin, Am Friedrichswerder © *DSK*

Townhouses in der Rummelsburger Bucht, Berlin („Artists-Village"), Architekten: Beyer + Schubert © *Beyer + Schubert, Foto: Andreas Muhs, Berlin*

Weiterführende Literatur

Brenner, Klaus Theo und Geisert, Helmut, *Das städtische Reihenhaus. Geschichte und Typologie*, Ludwigsburg und Stuttgart 2004
Curl, James Stevens, *Georgian Architecture*, o. O. 1993
Ford, Larry, *Cities and Buildings*, Baltimore und London 1994
Girouard, Mark, *The English Town*, New Haven und London 1990
Hayward, Mary Ellen und Balfour, Charles, *The Baltimore Rowhouse*, New York 2001
London Suburbs, *Introduction by Andrew Saint*, London 1999
Muthesius, Stefan, *The English Terraced House*, New Haven und London 1982
Olson, Donald J., *The City as a Work of Art*, New Haven und London 1986
Platt, Colin, *The Great Rebuilding of Tudor and Stuart England*, London 1994
Porter, Roy, London, *A Social History*, London 1994
Roberts, Robert, *The Classic Slum*, Harmondsworth 1973
Schuyler, David, *The New Landscape*, Baltimore und London 1986
Schinkel, Karl Friedrich, *Reise nach England, Schottland und Paris 1826*, Hrsg. und kommentiert von Gottfried Riemann, Berlin Ost 1986
Schramm, Helmut, *Low Rise – High Density. Horizontale Verdichtungsformen im Wohnbau*, Wien und New York 2005
Sewing, Werner, *Suburbia Takes Command, Aspekte der Suburbanisierungsforschung in den USA*, in: Informationen zur modernen Stadtgeschichte, Heft 2/2002, S. 29-38
Summerson, John, *Georgian London*, London 1988
Weiß, Klaus-Dieter, *Von der Vereinzelung an der Peripherie zum Häuserhaus in der Stadt*, in: Schittich, Christian, Hg.: Verdichtetes Wohnen, S. 12-25, Basel, Boston

Albrecht Fuchs
In deutschen Reihenhäusern

Texte von Inken Herzig

Raimund B., 42, Kraftfahrer
Heike B., 44, Arzthelferin
Dennis, 13, Schüler
Michelle, 12, Schülerin

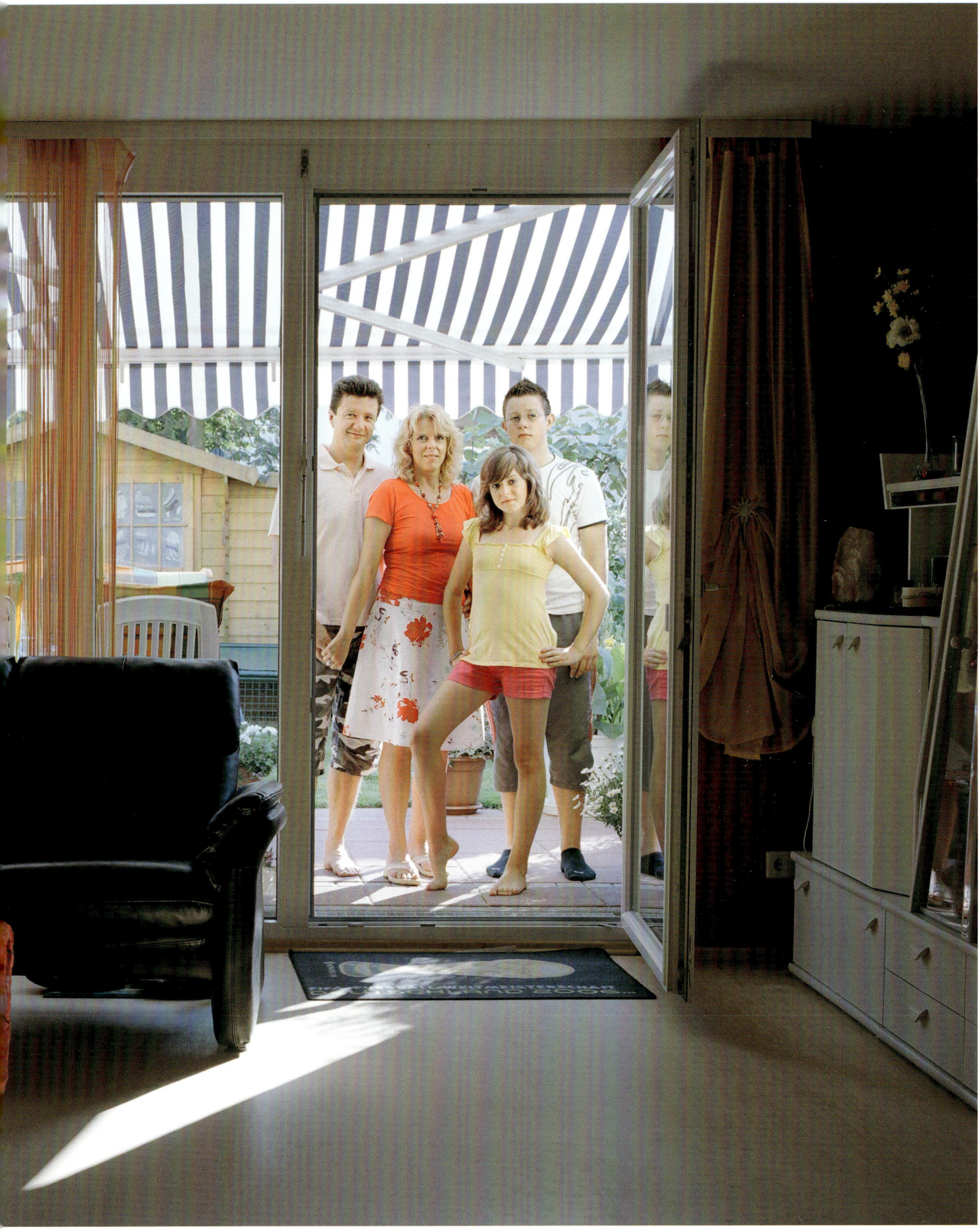

Ihren Schrebergarten haben die B.s aufgegeben. Heute liegt ihr Idyll unmittelbar vor dem Wohnzimmer. Der Garten ist bunt blühend – denn Farben spielen im Leben der vierköpfigen Familie eine große Rolle. Zufall, dass sie heute in einem Gelände wohnen, auf dem die Höchster Farbwerke einst thronten?

„Bunt tut gut", befand Heike B. und setzte die Tradition von Farbe in ihrem eigenen Hause fort. Gelb und Rot sind in Wohnzimmer und Küche zu finden. „Inzwischen könnte ich mir die Räume auch in Grün und Rosa vorstellen", sagt die Arzthelferin und erntet heftigen Widerspruch der Tochter Michelle. Das letzte Wort bei der Farbenwahl ist noch nicht gesprochen.

Frankfurt am Main | In deutschen Reihenhäusern 49

Carmen B., 37, Gemeindereferentin
Georg F., 42, Mathematiker
Hannah, 6, Schülerin
Tabea, 4
Elias, 1

Frankfurt am Main | In deutschen Reihenhäusern 51

Bei B. geben die Kinder den Ton an: Tochter Hannah lernt seit mehr als einem Jahr Klavier, und auch Schwester Tabea kennt keine Berührungsängste vor den Tasten. Spuren fröhlichen Kinderlebens finden sich auch im Garten des Hauses: Ein hölzernes Kinderhaus, das an die Villa Kunterbunt erinnert, hat Mutter Carmen nach eigenen Konstruktionsplänen an der Werkbank gebaut – übrigens ohne ihren Mann. „In diesem Bereich hat er zwei linke Hände", sagt Carmen B. lachend. Georg F. ist Mathematiker und beschäftigt sich in seiner Freizeit lieber mit Schach und mathematischen Rätseln – wenn ihn die Kinder lassen.

Frankfurt am Main | In deutschen Reihenhäusern

54   In deutschen Reihenhäusern | Mainz

David C., 24, Postangestellter
Giusy C., 24, medizinisch-technische Assistentin

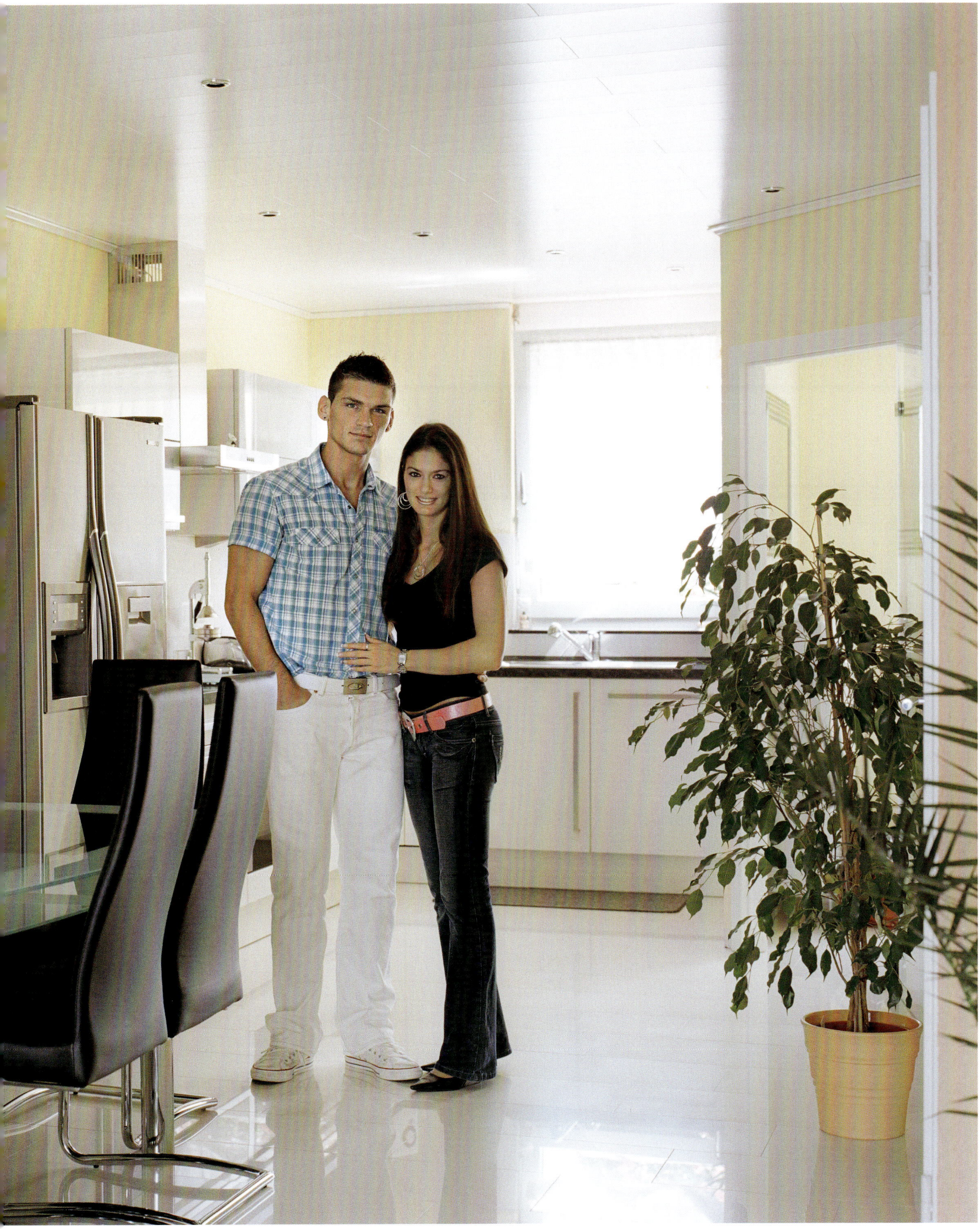

Die Decke im kombinierten Wohn- und Essbereich strahlt im Dunkeln wie ein Sternenhimmel. Schon als Zwölfjähriger hatte David C. mit seinem Vater ein blitzendes Firmament gebaut. „Daran erinnerte ich mich immer gern und wollte es auch im eigenen Heim haben", sagt er heute. Der 24-jährige Italiener hat klare Vorstellungen von den Räumen, die er sich als Heimat wünscht. Um diese verwirklichen zu können, plante der Postangestellte den gesamten Innenausbau bis hin zu Farben und Möbelauswahl selbst. Seine Lebensgefährtin war erst skeptisch, inzwischen gefällt Giusy C. es, dass David ihr die Sterne vom Himmel holt.

NEXT 15%
2ND 15%
3RD 14%
MEINS DU ES ERNST DAS MICH WILLS
NICOLE Z. BITTE ZEIGS MIR AU
VOTINGZEIT 03:16
SENDE:
XX+NACHRICHT
AN DIE:
8888
SAMSUNG
SONY

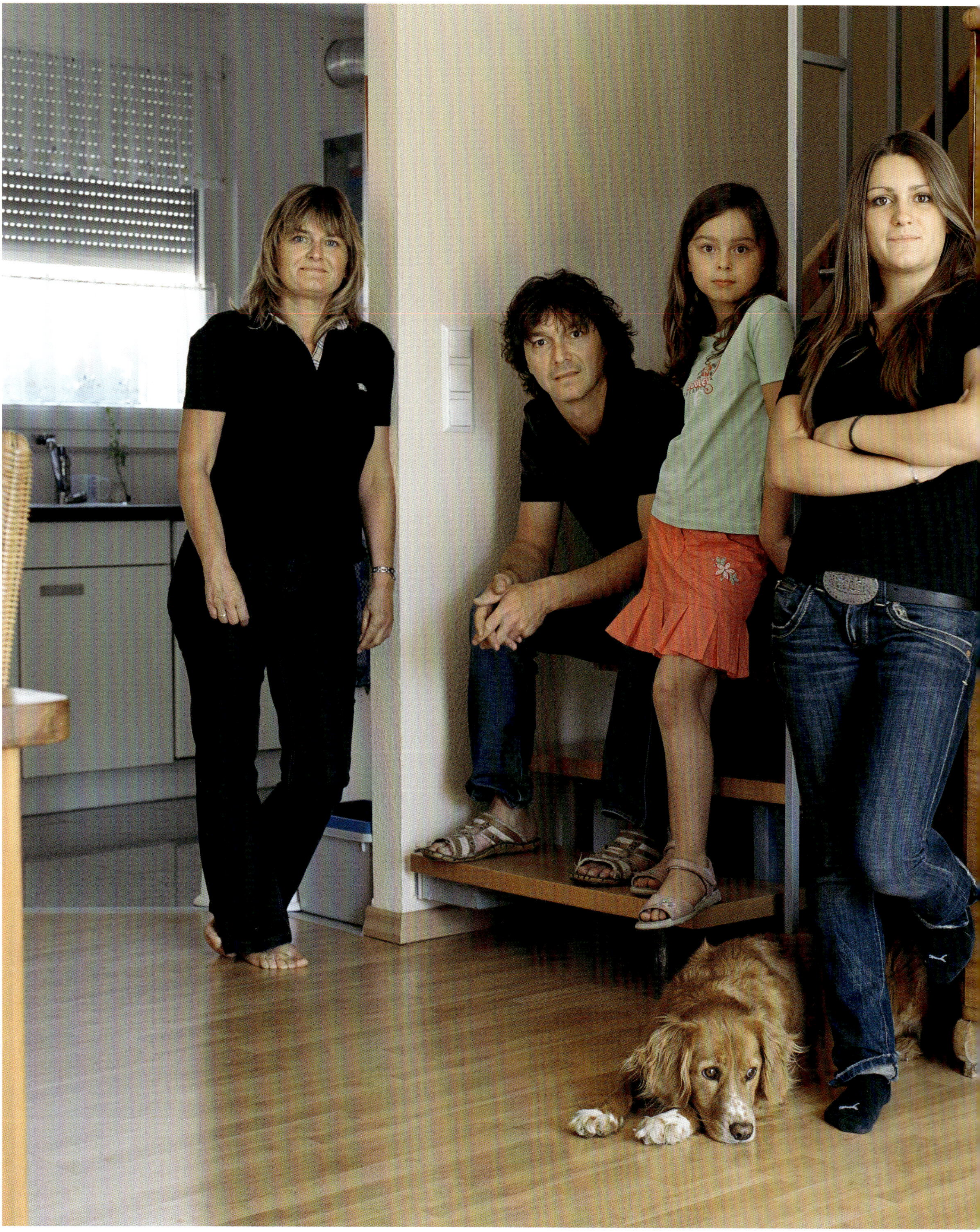

Sylvia S., 43, Versicherungskauffrau
Jürgen S., 40, Beamter der Deutschen Post
Julia, 16, Schülerin
Lena, 8, Schülerin

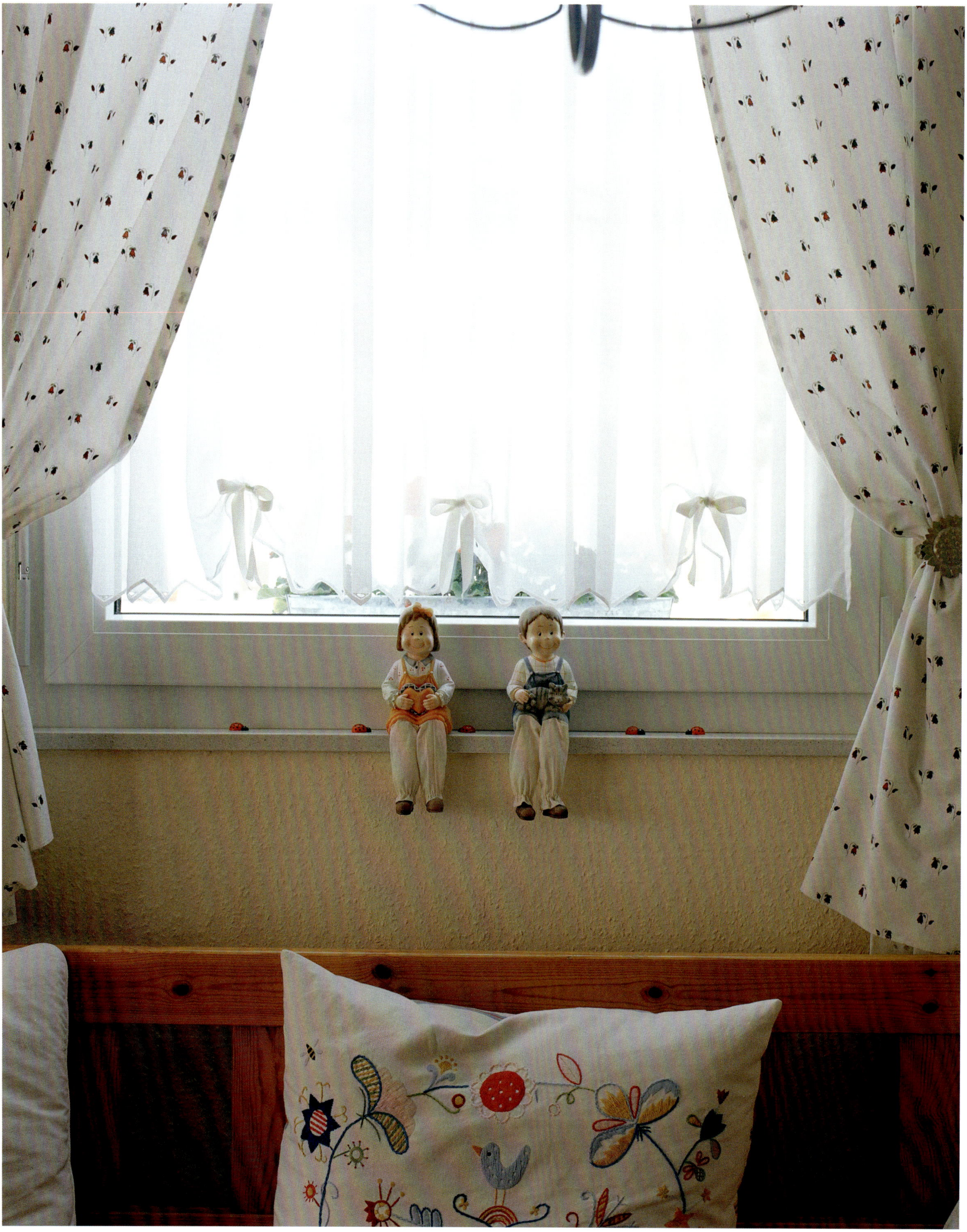

Hartnäckigkeit zahlt sich aus. Eigentlich war das Haus, das sich Familie S. ausgesucht hatte, schon reserviert. Dann ein Glücksfall: Ehefrau Sylvia gewinnt bei einem Preisausschreiben den 1. Preis: einen Friseurbesuch im Wert von 100 Euro. „Das muss etwas bedeuten", sagt sie sich und beschließt, doch noch einen Versuch zu wagen. Das tut sie am nächsten Morgen um 8.05 Uhr. Worauf die Vermittlerin aus allen Wolken fällt: „Ihr Wunschhaus ist gerade vor fünf Minuten frei geworden." Glück hat auch Tochter Julia, angehende Reisekauffrau, die von ihrem Zimmer aus einen Traumblick auf den Rhein hat. Sie hat hier in Kastel ihre erste große Liebe gefunden.

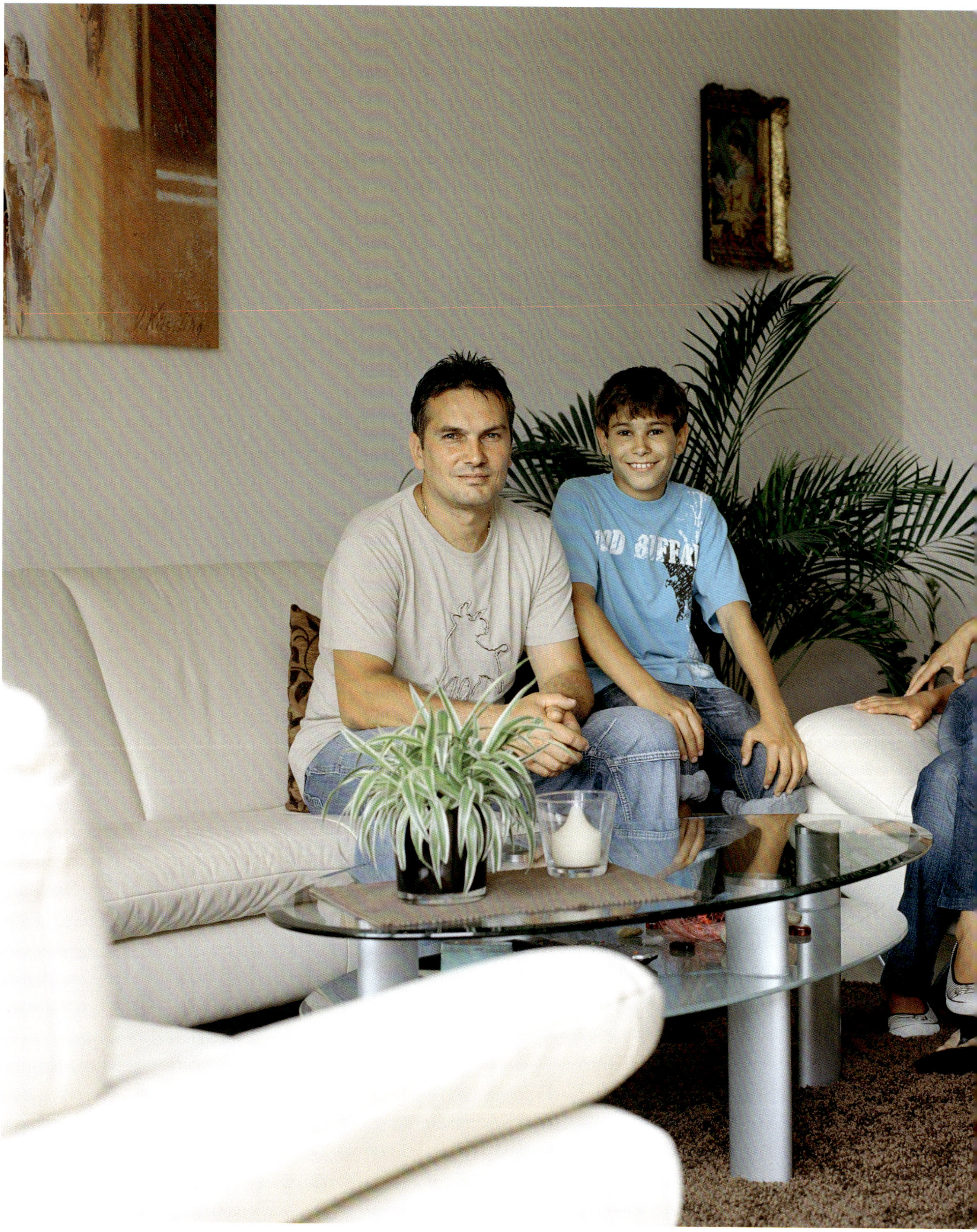

Ilvesheim | In deutschen Reihenhäusern 63

Marika K., 37, Hausfrau
Goran K., 39, Maschinenbautechniker
Nenanja, 13, Schüler
Sanja, 11, Schülerin

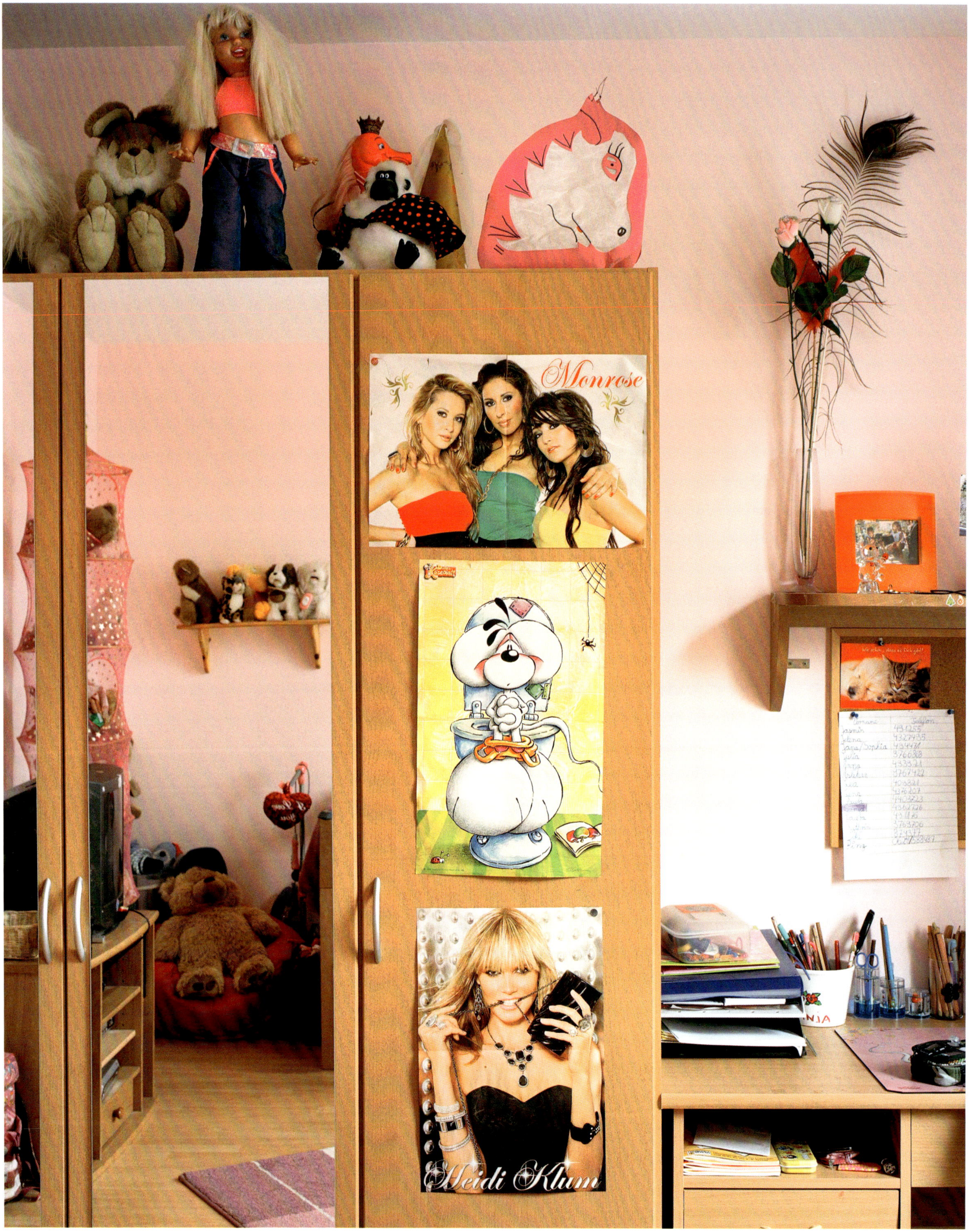
Monrose
Heidi Klum

Über dem Esstisch hängt der Heilige Stefan. Jedes Jahr im Januar feiern die K.s ihm zu Ehren ein Familienfest. Das ist in ihrer kroatischen Heimat üblich.

„Ich bin Serbin", berichtet Marika K., „durch den Krieg mussten wir 1985 flüchten, hatten kein Zuhause mehr. Unser Wunsch war es, irgendwann wieder ein Heim aufzubauen." Heute lebt sie mit Mann und zwei Kindern in Ilvesheim.

In ihrer Küche bereitet sie ihrem Sohn Nenanja, einem leidenschaftlichen Fußball-Profi, einen süßen Blechkuchen zu. „Eine gute Idee seiner Lehrerin", erzählt sie. „Nenanja traut sich nicht zu sagen, woher er stammt. Nun soll er eine Spezialität seines Landes mitbringen und sich damit vorstellen."

Heimweh? „Wir waren zuletzt im Ort Knin, wo mein Mann und ich geboren sind. Unsere Kinder Sanja und Nenanja fanden es sehr schön. Es ist dort freier, die Zeit ist nicht mit dem Blick auf die Uhr verbunden. Es gibt weniger Druck und Stress."

Elvira W., 48, Krankenschwester
Alexander W., 55, Tierarzt

Bonn | In deutschen Reihenhäusern 67

„Das haben wir auf dem Flohmarkt entdeckt." Elvira W. hält eine Öllampe ans Fenster. „Damals hatten wir in Russland selten Strom und brauchten diese Lämpchen. Man erinnert sich an die Kindheit, wenn man diese Dinge findet. Und daran, wie gut wir es im Vergleich haben."

Seit 29 Jahren sind die W.s verheiratet. Als es um den Entschluss ging, das Häuschen am Rande Bonns zu kaufen, war es eine Familien-Entscheidung. „Wir haben mit unseren zwei Kindern gesprochen, weil es für uns ein besonderer Schritt ist", erklärt Alexander W., der aufgrund einer Krankheit arbeitsunfähig ist. Inzwischen hat er Freude an seinem Garten. Er blüht in allen Farben, dazwischen winken Gartenzwerge. „Die allerdings sind mein Werk", sagt Elvira W., „sie strahlen für uns eine besondere Zuversicht aus."

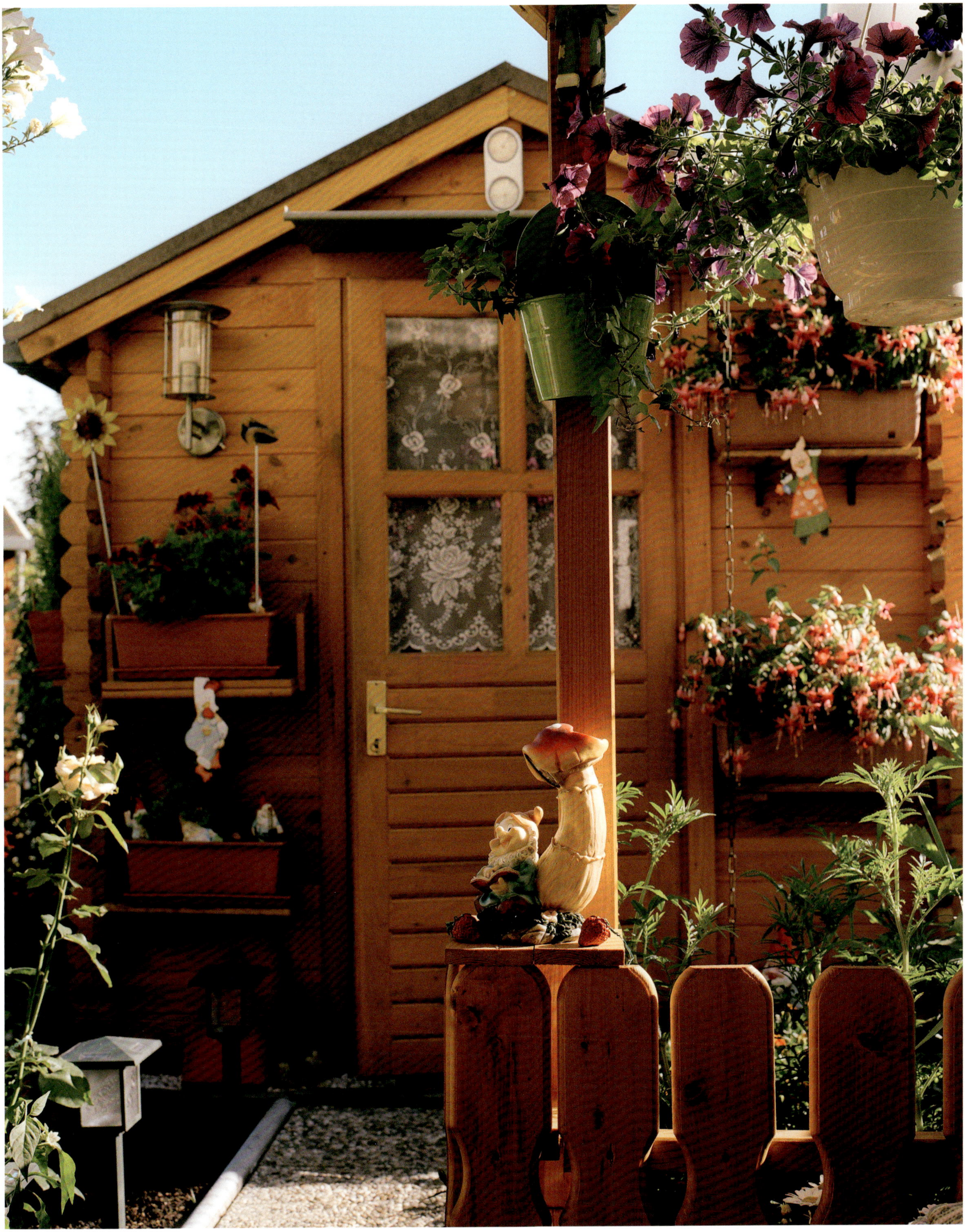

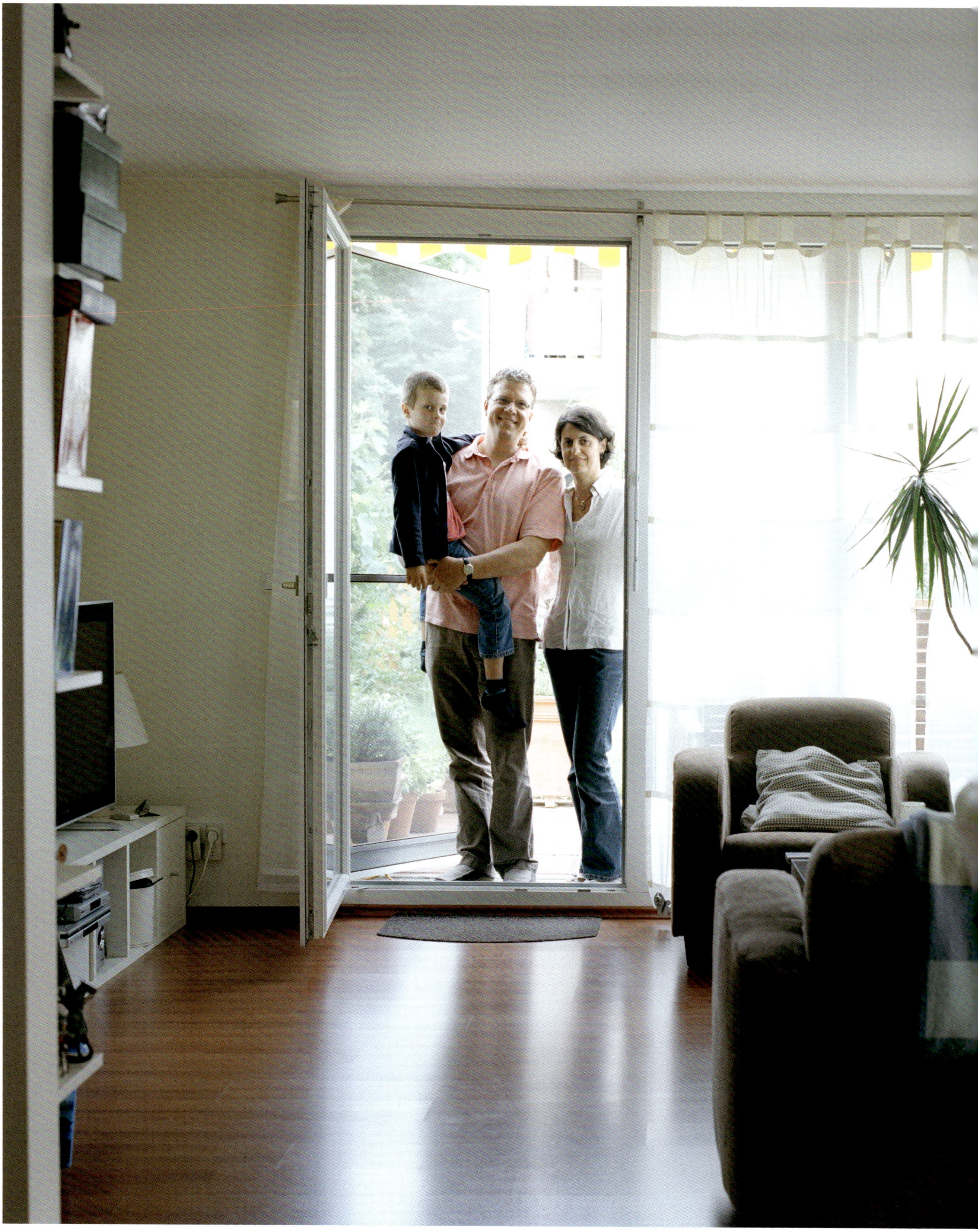

Ralph S., 38, Controller
Claire S., 36, Marketing-Verantwortliche
einer Fluggesellschaft
Lucas, 6, Schüler

Webster's New World Dictionary
Third College Edition
UPDATED
Prentice
CHAMBERS
Dictionary of WORLD HISTORY
englisch deutsch 1
Englisch
Englisch
PONS
Französisch
Langenscheidts Jubiläumswörterbuch
Französisch/Deutsch – Deutsch/Französisch
Oxford
Langenscheidts Taschenwörterbuch
Russisch
Die großen Deutschen 5
Die großen Deutschen 4
Die großen Deutschen 3
Die großen Deutschen 2
Die großen Deutschen 1
TEA TIME
Au cœur de la
Collins
deutsch englisch
englisch deutsch
Weis Mattutat
Groß wörterbuch
Französisch
DEAD MAN WALKING

Frankfurt-Sindlingen ist wie ein Dorf. „Es ist nicht ganz einfach, da hineinzukommen", sagt Claire S., die dennoch gerade das Dörfliche an Stadtteil und Wohnanlage schätzt, mit französischem Akzent. Kontakt zu den Einheimischen gab es schon über den Kindergarten; derzeit ist Mutter S. im Sportverein und in der örtlichen Kirchengemeinde aktiv. Auch Sohn Lucas treibt Sport im Stadtteil: Weil er keine Sindlinger Schule besucht, sondern das französischsprachige Lycée Victor Hugo im Stadtteil Rödelheim, ist die Mitgliedschaft im Sindlinger Turnverein die Garantie dafür, gleichaltrige Freunde in der nahen Umgebung zu finden.

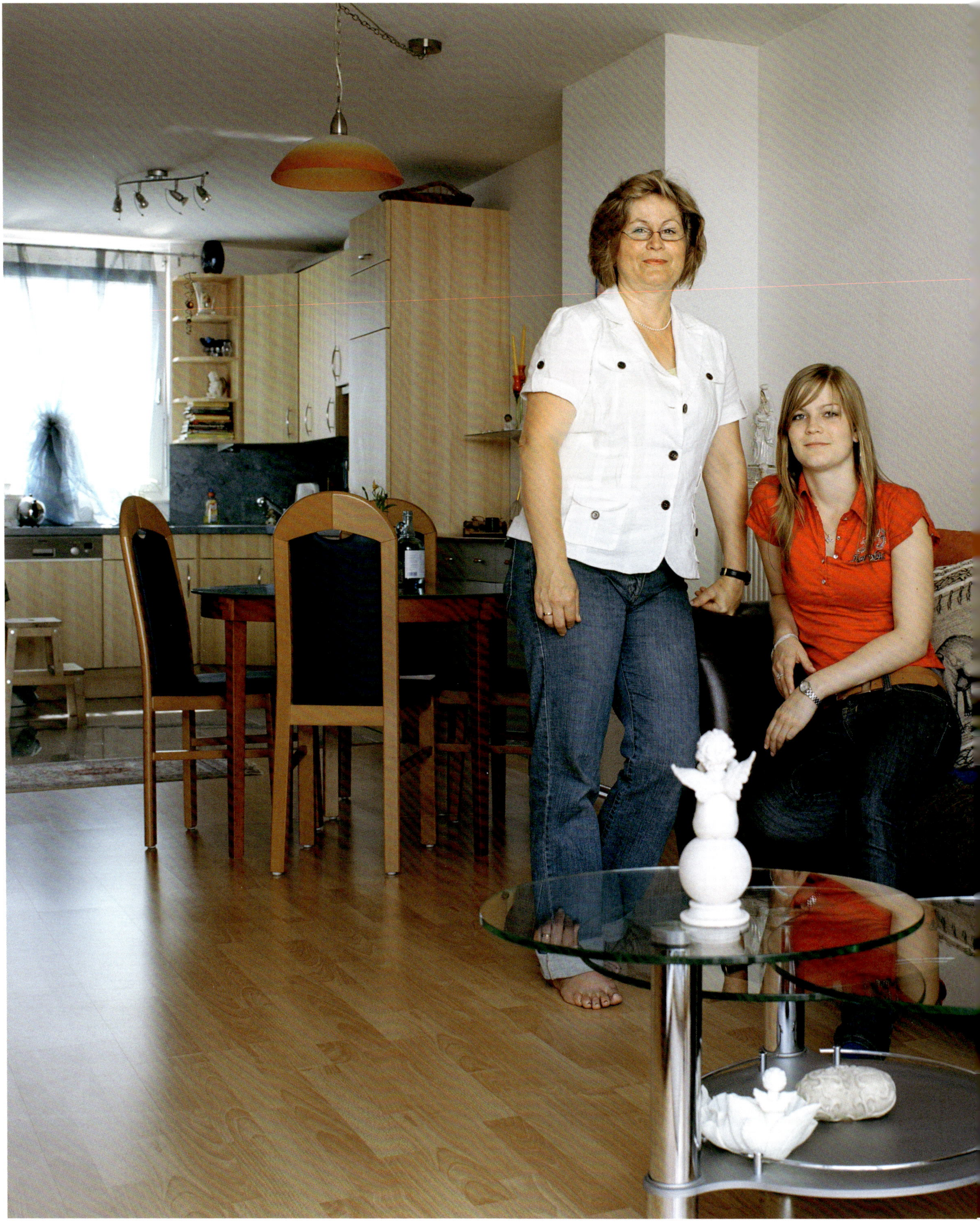

Patricia K., 46, Büroangestellte + Tagesmutter
Manuela K., 16, Schülerin

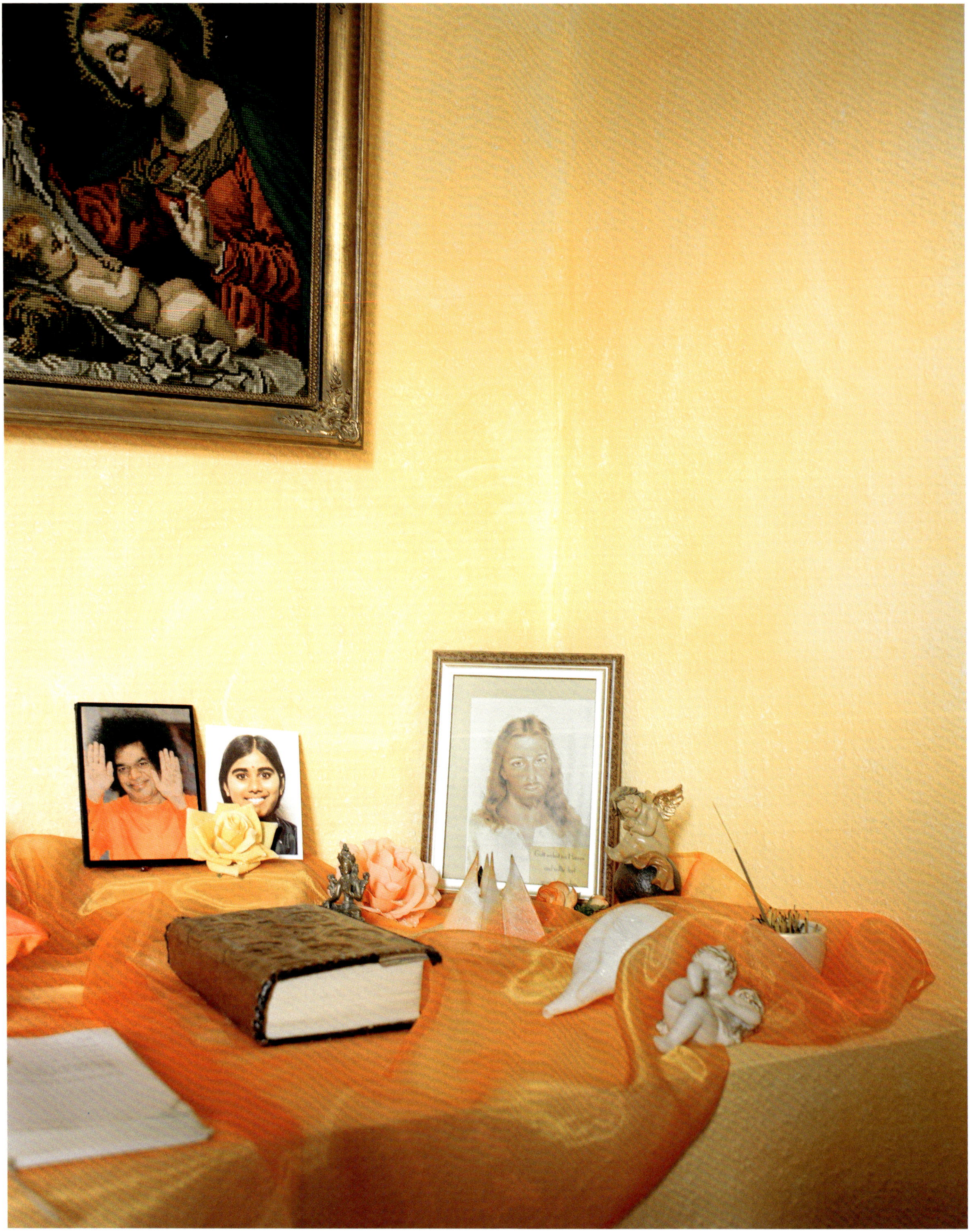

Mit ihren Nachbarn wohnt Patricia K. dicht an dicht. „Ich bin auf dem Dorf groß geworden – da wusste jeder alles über jeden. Hier ist die Privatheit doch viel größer", findet sie. Schmunzelnd erinnert sie sich an ein überraschendes Erlebnis. Patricia K. arbeitete im hinteren Teil ihres Gartens, als plötzlich der Nachbar auf der Rasenfläche stand, sie verdutzt anblickte und wie vom Blitz getroffen verschwand. So, als habe er sich in der Zimmertür geirrt. Inzwischen hat sie mit dem Nachbarn, der befürchtete, ihre Privatsphäre zu verletzen, das erste Glas Wein getrunken. Damit es nicht mehr zu überraschenden Besuchen kommt, fassten sie dabei einen gemeinsamen Beschluss: einträchtig einen Gartenzaun zu ziehen.

In deutschen Reihenhäusern | Weilerbach

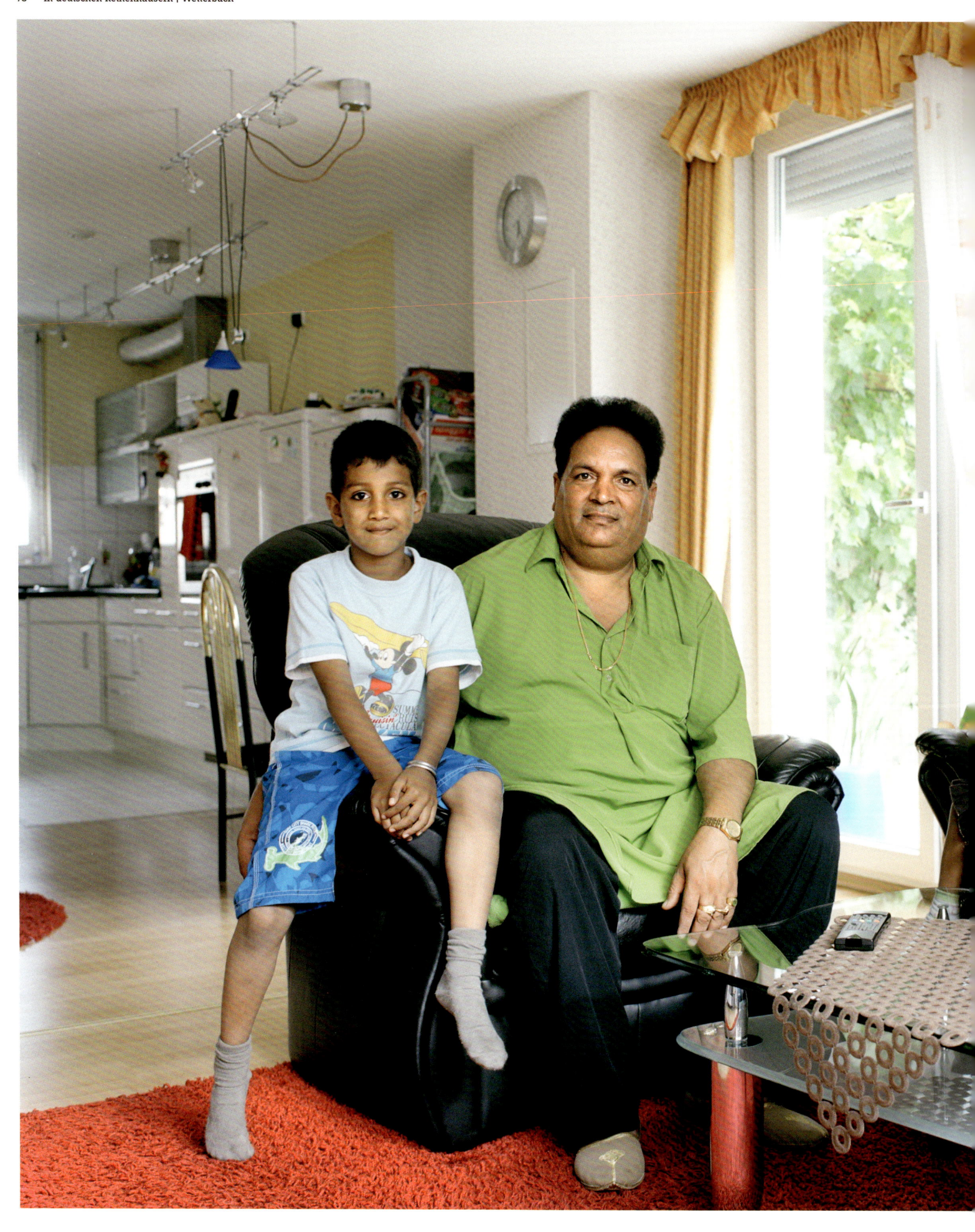

Rajindir K., 50, Abteilungsleiter bei der US-Armee
Manjindir K., 31, Hausfrau
Bobby, 6, Schüler
Jasmin, 3
Thomas K., 23, Student der Betriebswirtschaft (nicht abgebildet)

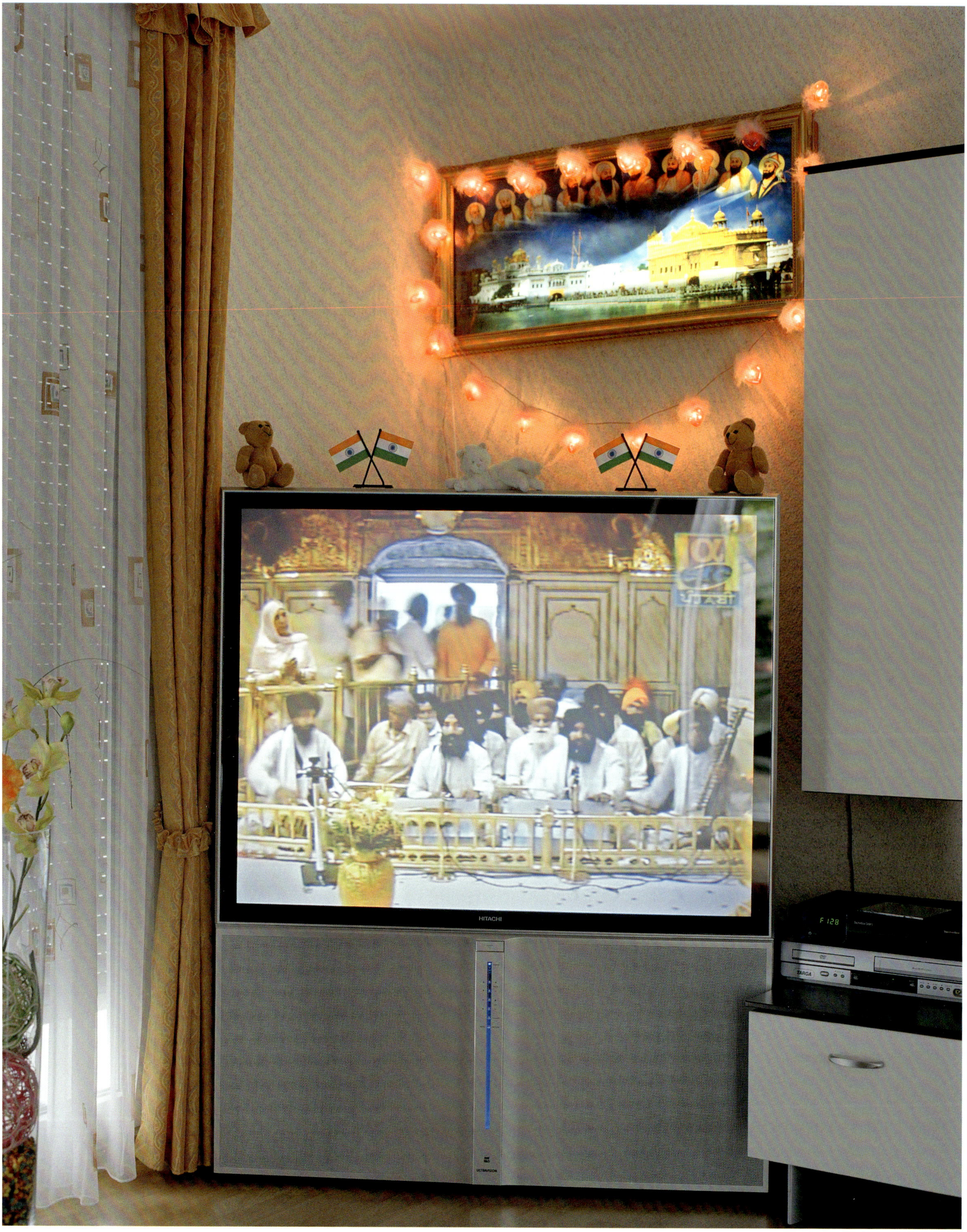

Über dem Fernseher thront ein Bild mit indischen Gottheiten, angestrahlt von einer Lichterkette. „Das ist unser Glaube. Die Religionsstifter mögen sich unterscheiden, aber der Inhalt ist doch vielfach der gleiche", sagt Rajindir K., der aus Nordindien stammt und alle zwei Jahre mit seiner zweiten Frau Manjindir zu seiner Familie in die Heimat reist. „Ich brauche Familienleben", sagt der Mann, der seit 27 Jahren in Ramstein arbeitet, dem weltgrößten Flugstützpunkt außerhalb der USA. Dort ist er Abteilungsleiter. „Oft schellen bei uns frisch eingetroffene Amerikaner und wollen das Haus mieten, weil sie es so praktisch finden", sagt er, „aber wo sollen wir dann hin?"

Peter F., 44, Diplom-Informatiker
Anne F., 41, staatl. anerkannte Übersetzerin
Lydia, 4

Speyer | In deutschen Reihenhäusern 83

„Wir erhielten die Haus-Schlüssel zum 40. Geburtstag meiner Frau. Es war ihr Geburtstagsgeschenk – eines, das sie uns beiden gemacht hat." Peter F. lebt mit seiner Frau Anne seit eineinhalb Jahren in Speyer. „Im Moment bin ich zu Hause und kümmere mich um Hof und Garten", erklärt er, während er sein akkurat geführtes Heim präsentiert.

Die Rolle des Hausmanns ist für F. neu, denn eigentlich ist er technikgetrieben. „Mein größter Kindheitstraum bestand darin, die Titanic zu finden", erzählt der Deutsch-Amerikaner. Inzwischen hat das Träumen eine andere Gestalt angenommen: Sie heißt Lydia, ist vier Jahre alt und die Tochter des Paares.

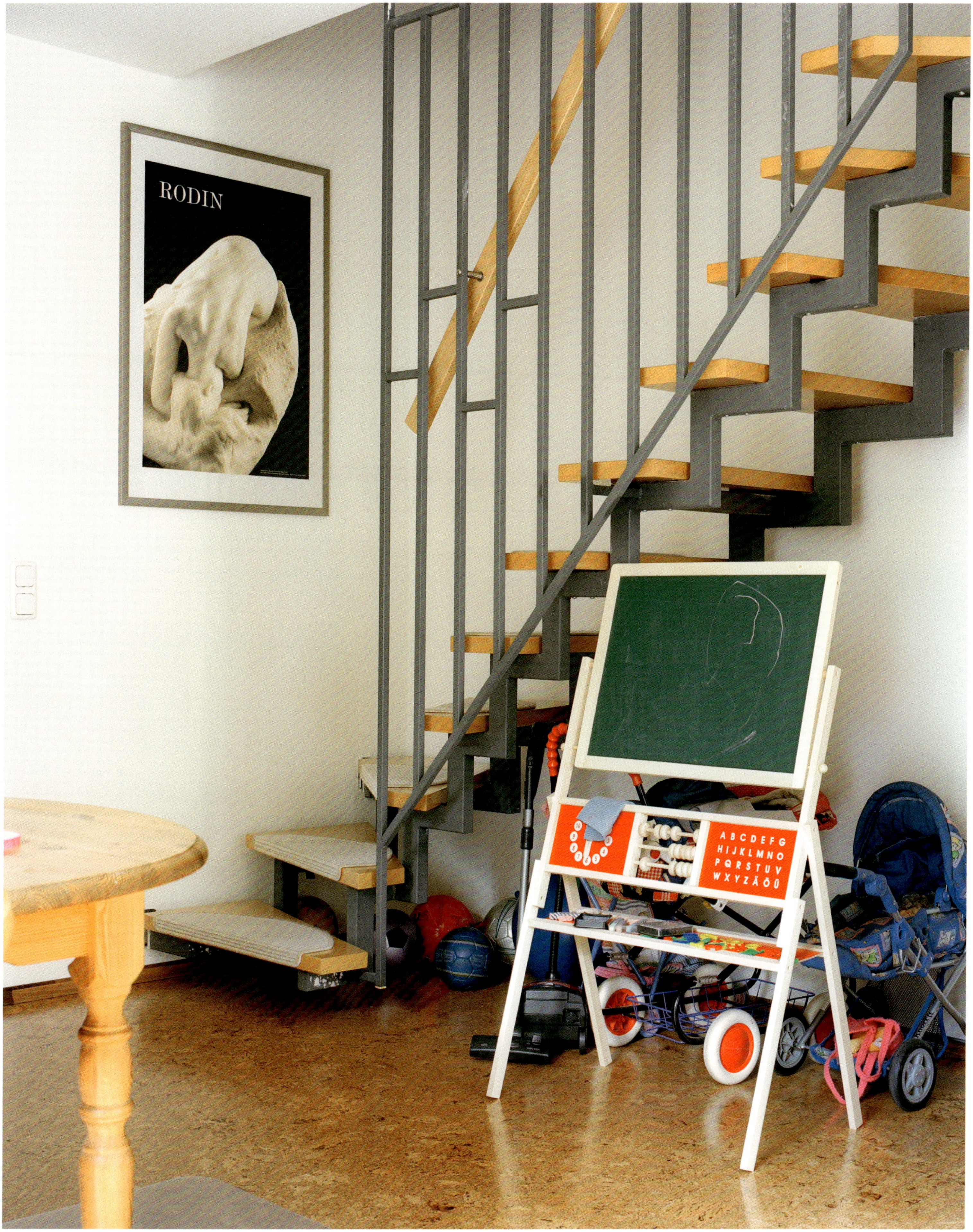
RODIN
ABCDEFG
HIJKLMNO
PQRSTUV
WXYZÄÖÜ

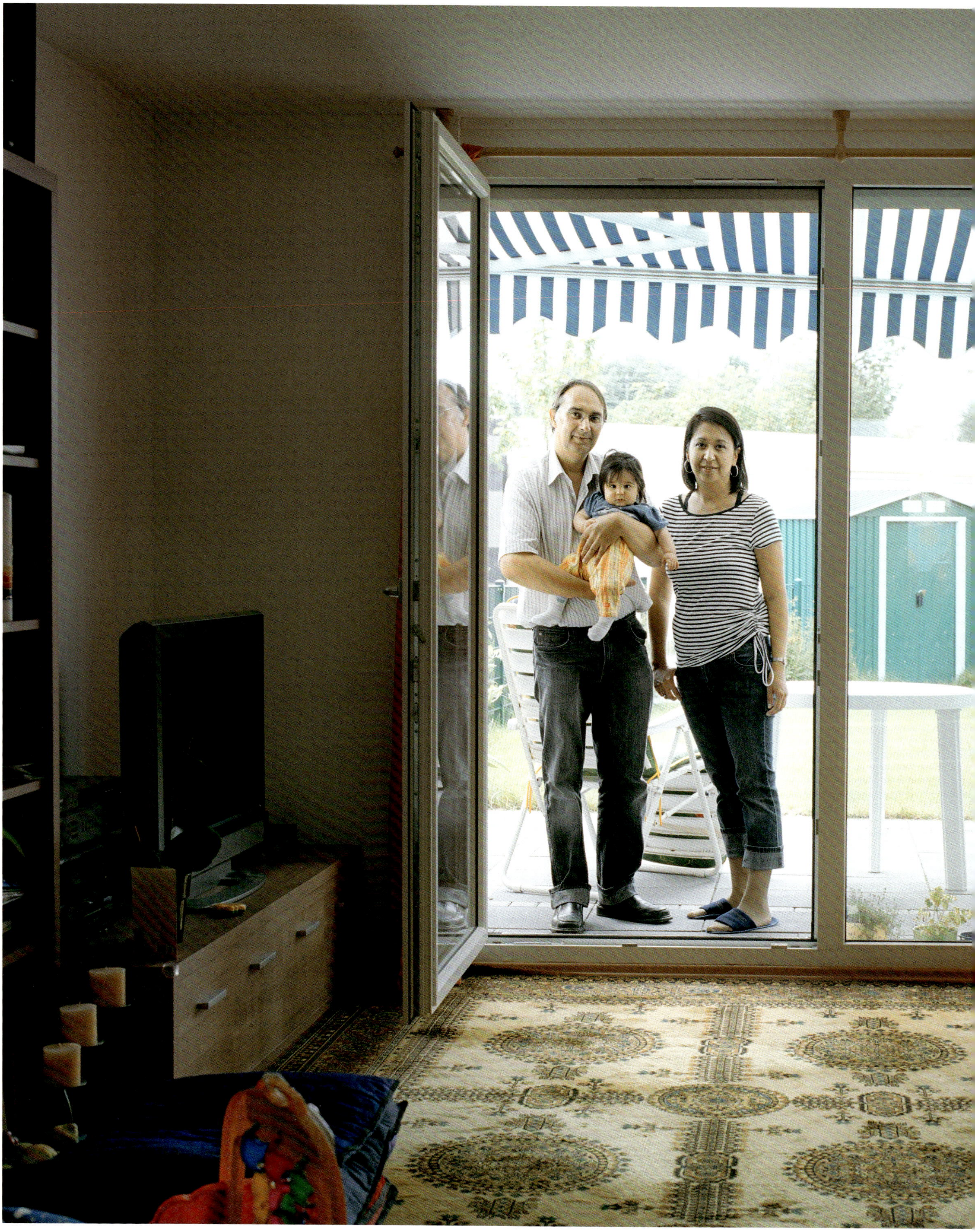

Mike L., 45, Datenbankbetreuer
Rano L., 37, studiert BWL
Dawina, 9 Monate

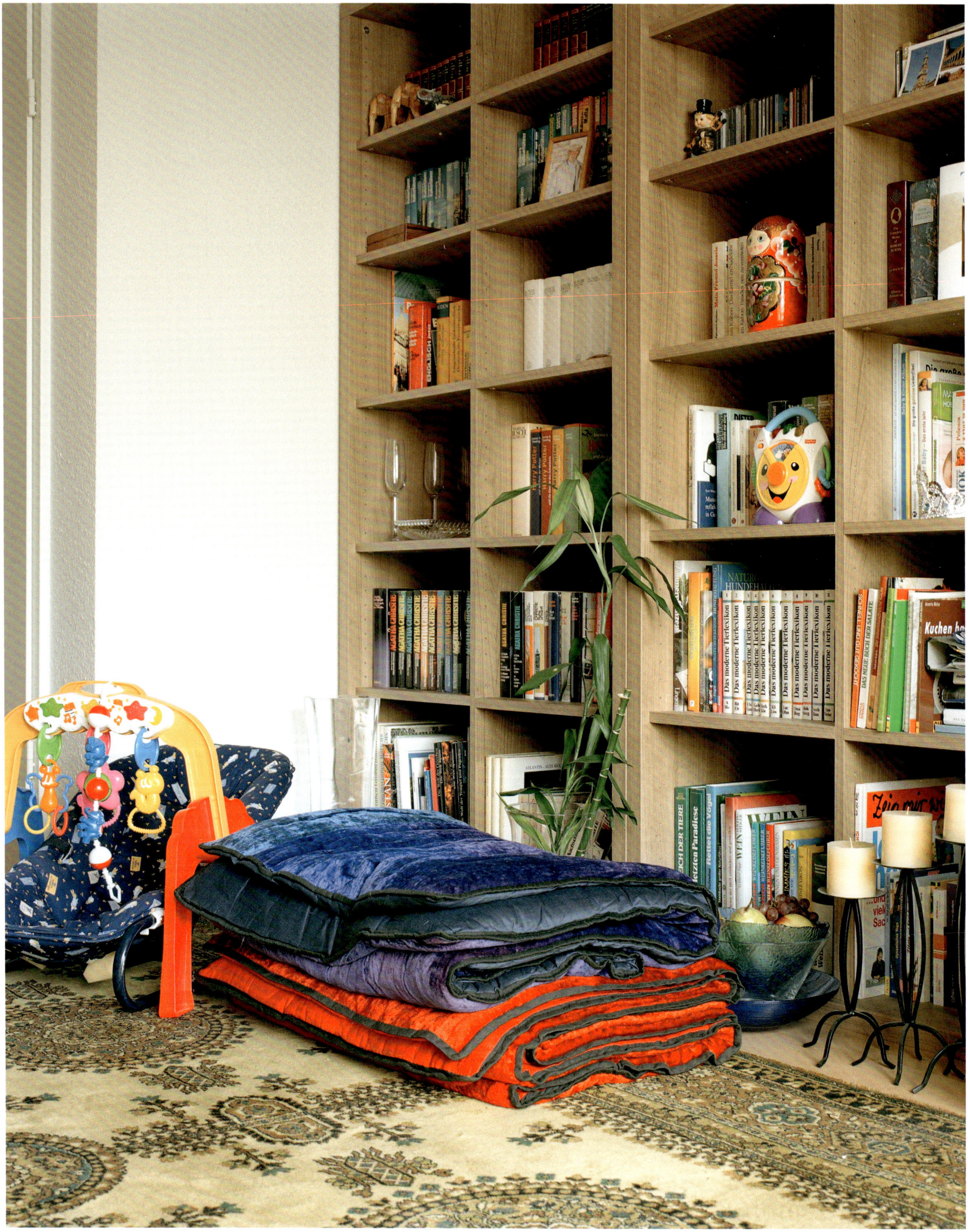

Das Multikulturelle wurde Mike L. in die Wiege gelegt. Im rauen Schottland geboren, kam er als Vierjähriger nach Deutschland. Vom Odenwald zog es ihn über Rüsselsheim nach Mainz, weil „hier alles so bunt gemischt ist." Auch der Philippshof reizte ihn wegen der Völkergemeinschaft, die sich hier niedergelassen hat. Den sprachlichen Kontakt zu den kasachischen Nachbarn pflegt vor allem Ehefrau Rano, die aus Usbekistan stammt und seit sechs Jahren in Deutschland lebt. Bodenständig ist der gebürtige Schotte bei Bacchus Tropfen: Kein Whiskey, sondern die Traube von einem benachbarten Winzer muss es sein. Dafür wurde der Abstellraum in der Küche zu einem Weinschrank umfunktioniert.

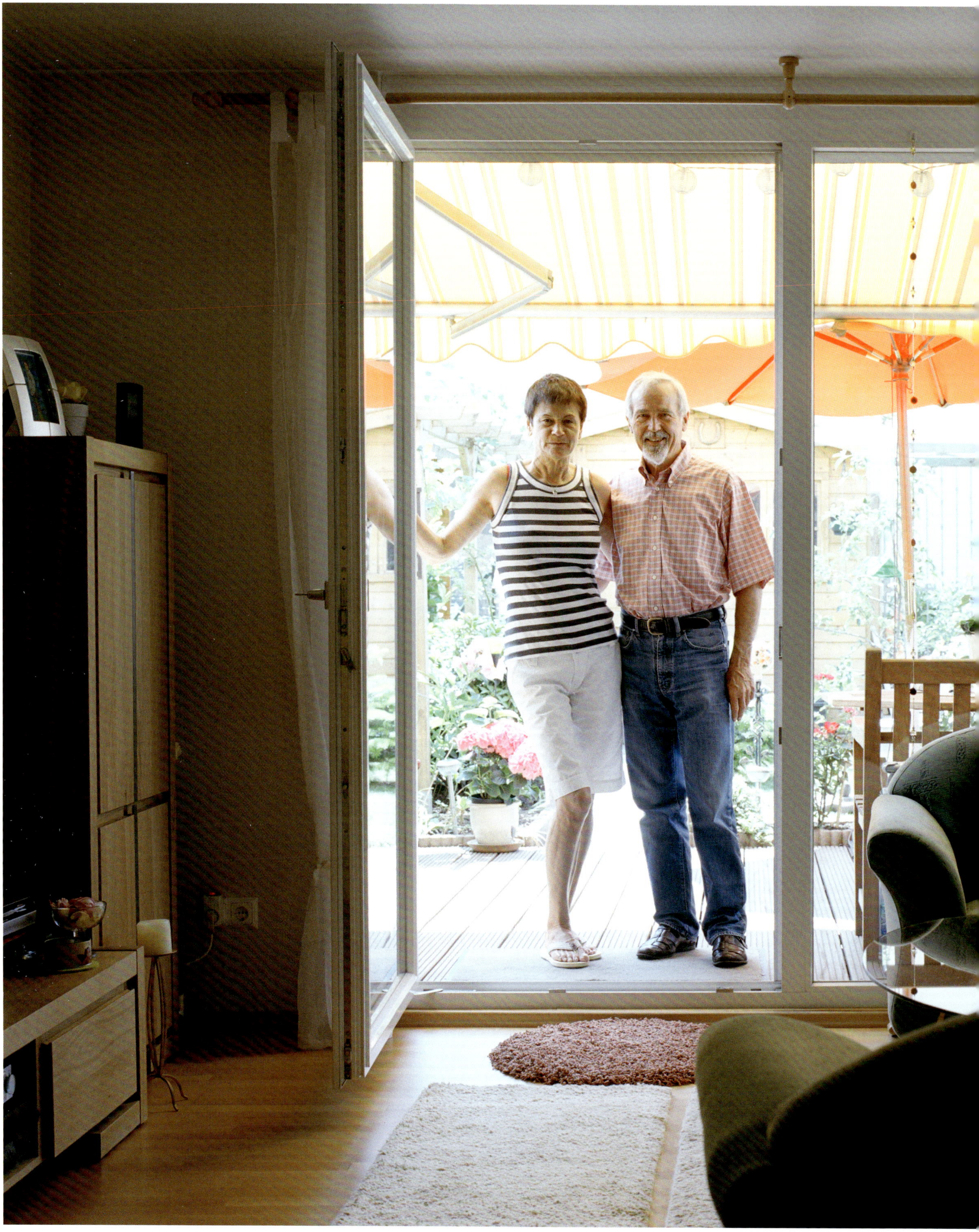

Birgitt W., 56, Hausfrau
Franz W., 68, pensionierter Postbeamter

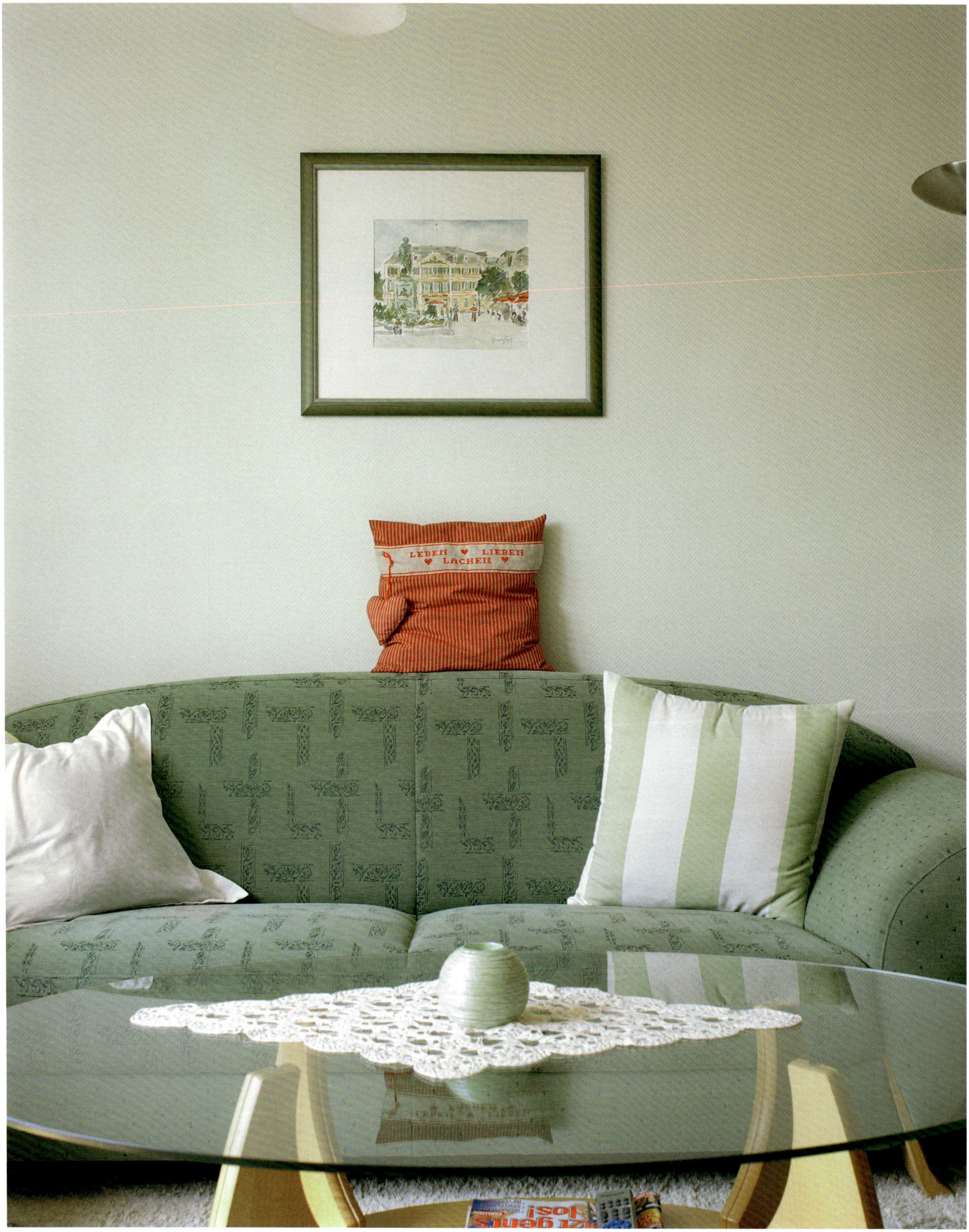
LEBEN ♥ LIEBEN
♥ LACHEN ♥

Glück ist für die W.s Familienleben und Kontinuität. Über 45 Jahre hat Franz W. bei der Post gearbeitet, eine Wohnung mit seiner Frau Birgitt in Bonn geteilt. „Als wir unser erstes, eigenes Haus bezogen, war ich ja schon im Rentenalter", lacht Franz W., „aber dennoch sind wir wie Studenten mit gepacktem Auto allein 34-mal zwischen alter Wohnung und Haus hin- und hergefahren."

Ein Neustart? „In gewisser Weise schon. Wir haben gebibbert, als wir den Schlüssel bekamen", erzählt Franz W., und seine Frau Birgitt ergänzt: „Ursprünglich wollte mich mein Mann über die Schwelle ins Haus tragen – wie bei einer Hochzeit. Wir sind aber beide ein bisschen schusselig – er hat das dann einfach vergessen."

Silke H., 30, Rechtsanwaltsfachgehilfin
Alexander H., 31, Software-Entwickler
Julian, 7 Monate

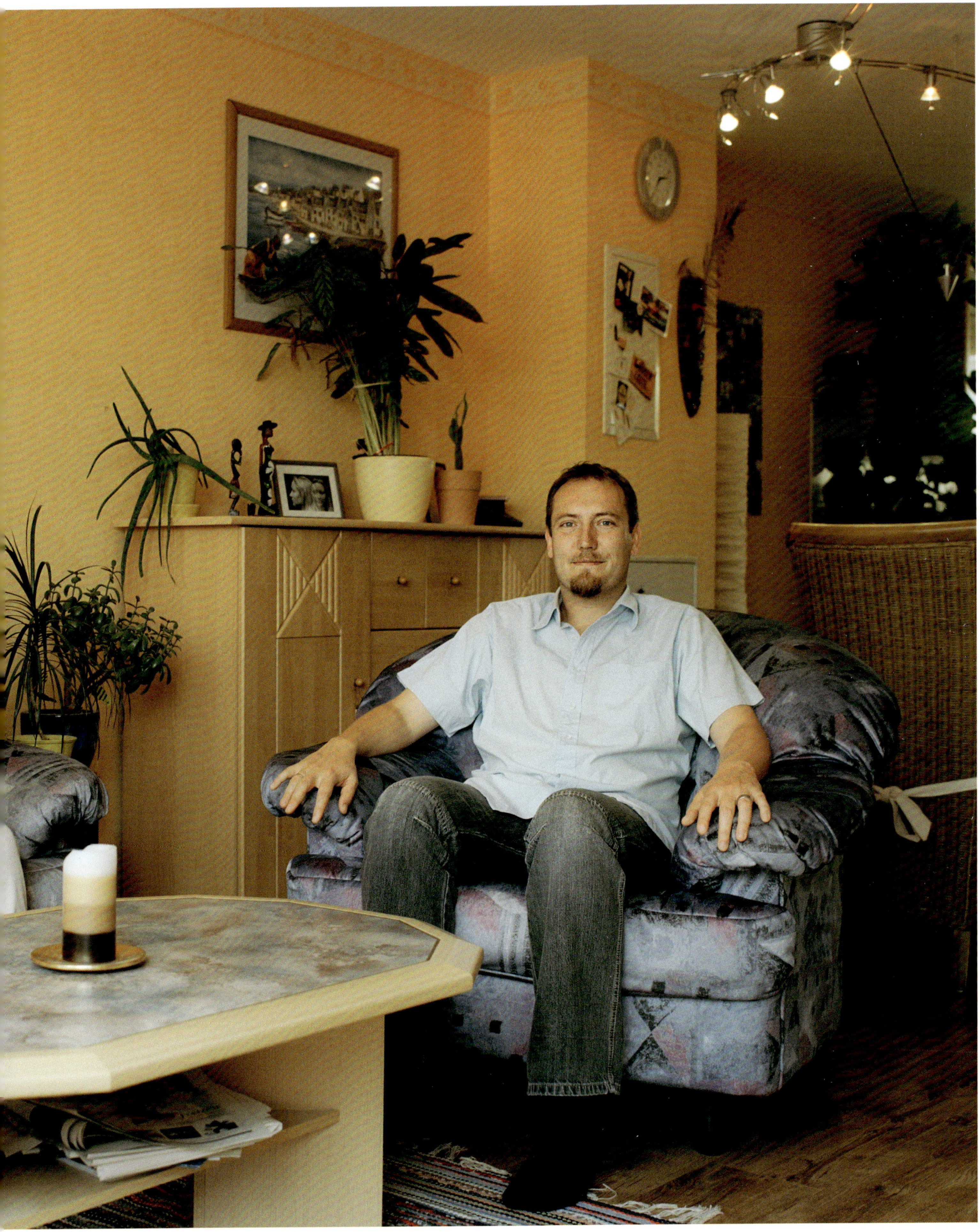

Im Eingang zirpen Grillen aus einer Ton-Amphore. Ein elektronisches Andenken, das Silke und Alexander H. aus dem letzten Provence-Urlaub mitgebracht haben. Südfrankreich muss auf das frankophile Paar dieses Jahr warten; gerade ist Sohn Julian geboren.

„Wir haben vorher in einer Altbau-Wohnung gewohnt", erzählt Silke H., „die Heizkosten sind uns über den Kopf gewachsen."

Die beiden, die in ihrer Freizeit gerne beim TC Rot-Weiß Kaiserslautern tanzen, suchten nach einem alten Bauernhaus. „Die Entscheidung fiel allerdings anders aus", sagt Alexander H. „Wir fanden ein Energiesparhaus. Es gibt in nächster Zeit nichts zu renovieren und hier leben viele junge Familien Tür an Tür." Nachbarschaftshilfe ist für die beiden wichtig. Und Platz genug haben sie jetzt auch – um ihre Tänze zu üben.

Weilerbach | In deutschen Reihenhäusern 97

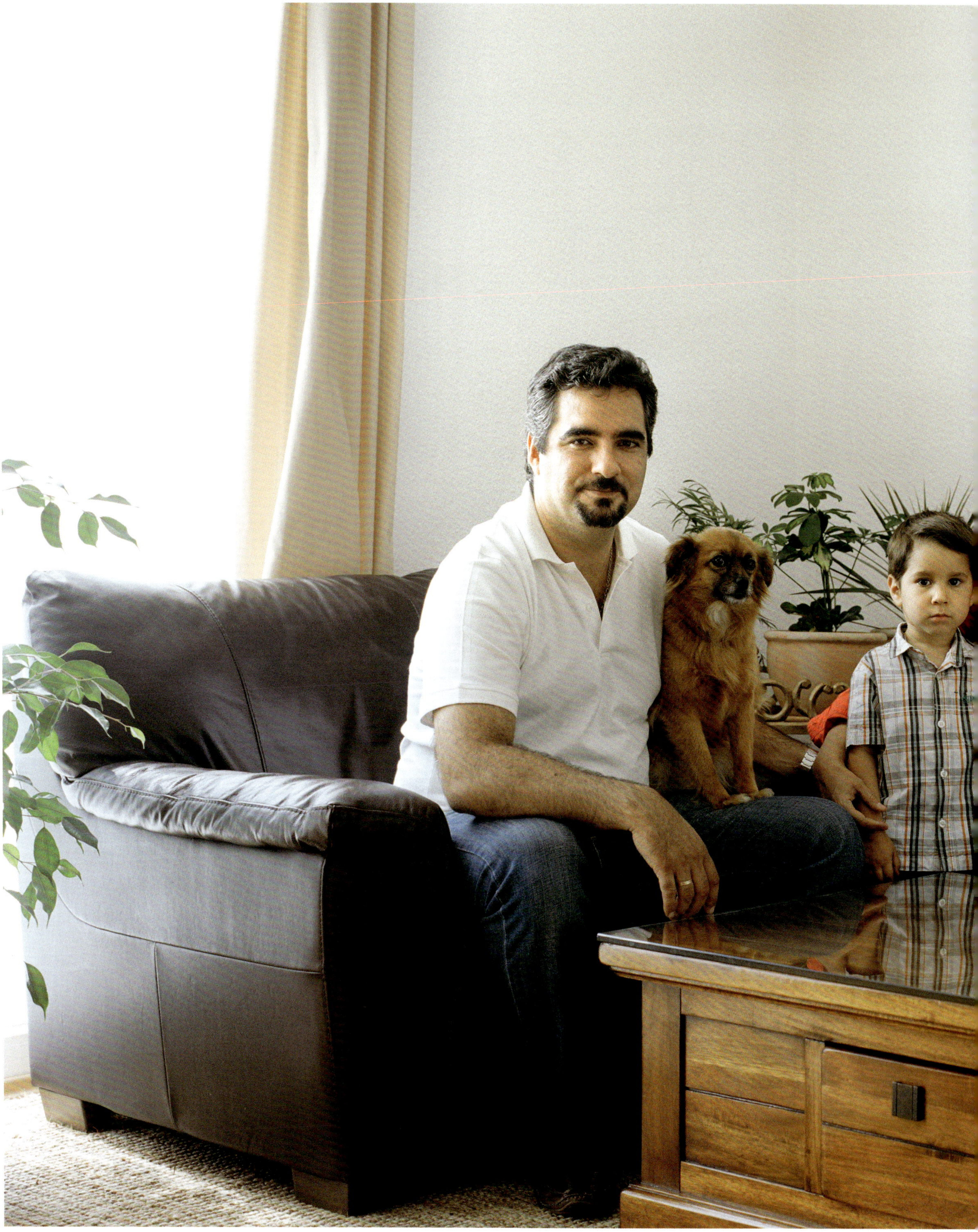

Mainz | In deutschen Reihenhäusern 99

Benjamin José P., 36, Feuerwehrmann
Cristina P., 34, Hausfrau
Hugo, 8, Schüler
Amaro, 3

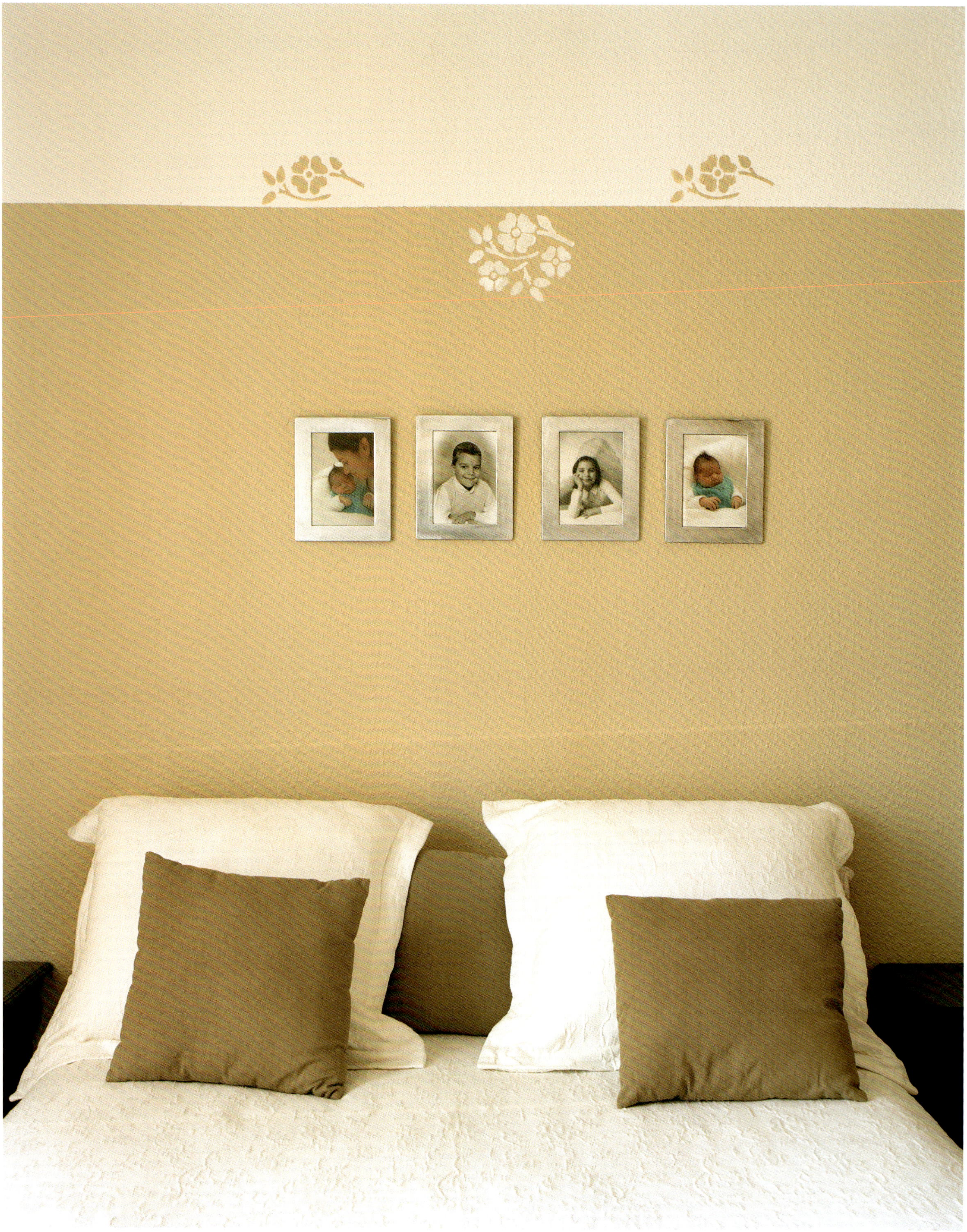

Nicht auszuschließen ist, dass die Familie irgendwann einmal nach Spanien zurückgehen könnte, sagt Benjamin José P. Aber: „Die nächsten 30 Jahre bleiben wir erst einmal hier." Der Feuerwehrmann und seine Frau Cristina beobachteten den Bauverlauf genau, manchmal durch Schlamm und Matsch watend. „Wir konnten es kaum abwarten", gesteht er. Genauigkeit gehört zu seinem Beruf – so wie der Teamgedanke. Das Verhältnis zu seinen Nachbarn ist – wie auch in Spanien üblich – freundlich und entspannt. Für den Brandexperten Benjamin José P. ist Gelassenheit keine Frage: „Wie kann man über zwei Zentimeter Hecke streiten?"

102 In deutschen Reihenhäusern | Kaiserslautern

Liane D., 38, Bankkauffrau, Fotografin
Wolfram D., 44, selbstständig, Werbebranche
Moritz, 6, Schüler
Mara, 3

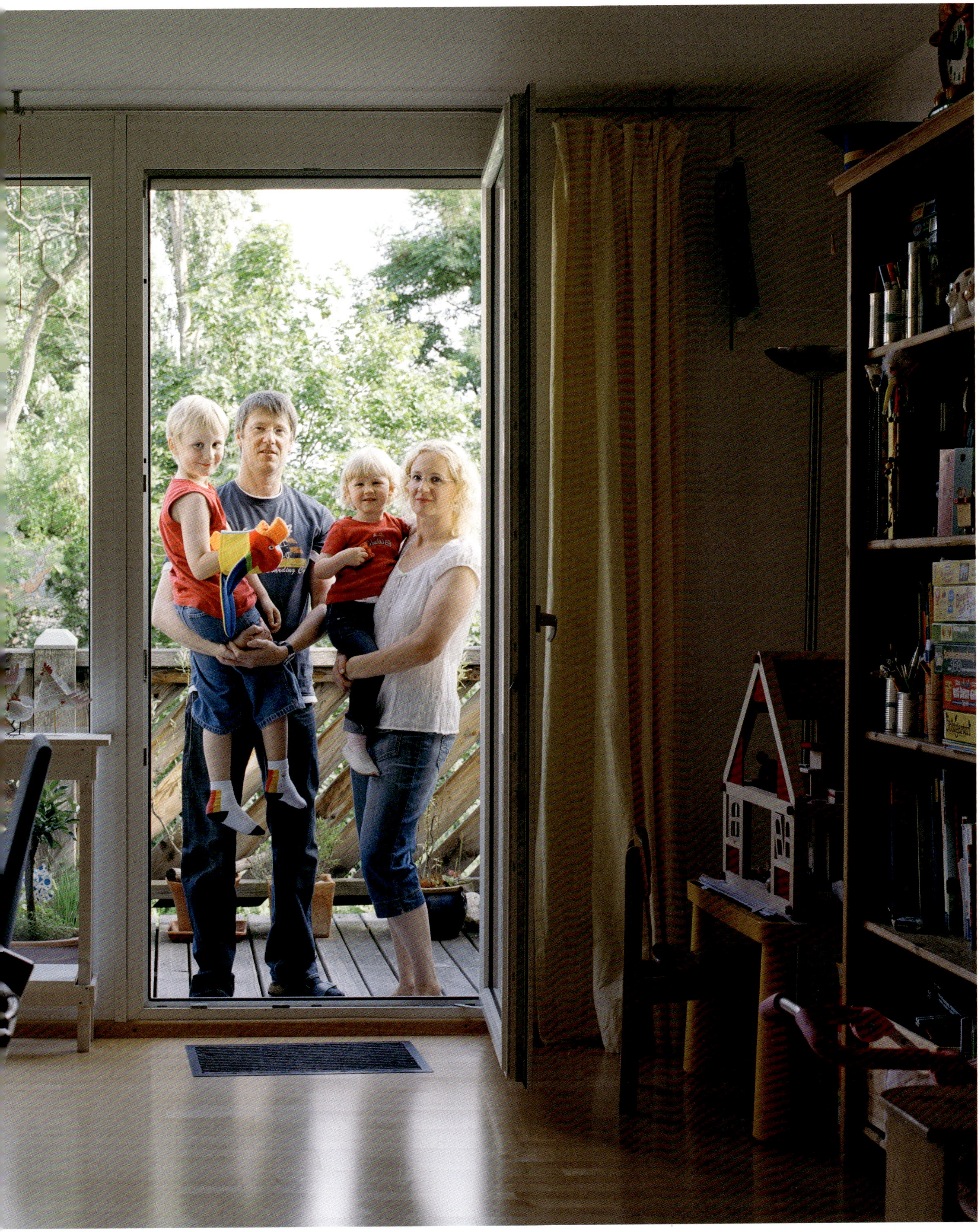

„Ich kannte Reihenhäuser aus den 1980er Jahren und hatte Sorge, dass es innen dunkel sein könnte. Als ich hereinkam, war ich überrascht, wie hell es ist", erzählt Liane D., Bankkauffrau und Fotografin. „Sehr schnell stand dann der Umzug an, obwohl ich hochschwanger war. Wir haben noch die Küche ausgesucht, als Moritz sich im Bauch bemerkbar machte."

Inzwischen leben die D.s sechs Jahre in Kaiserslautern. Die Familie führt ein kreatives Haus: Zeichnungen und Bastelarbeiten der Kinder finden sich ebenso an den Wänden wie die Acrylbilder ihrer Mutter. „Die Nachbarschaftskinder kommen meist zu uns, weil wir viel Platz haben. Am einfachsten ist es, wenn sie draußen im Garten spielen – das erleichtert vieles mit Kindern."

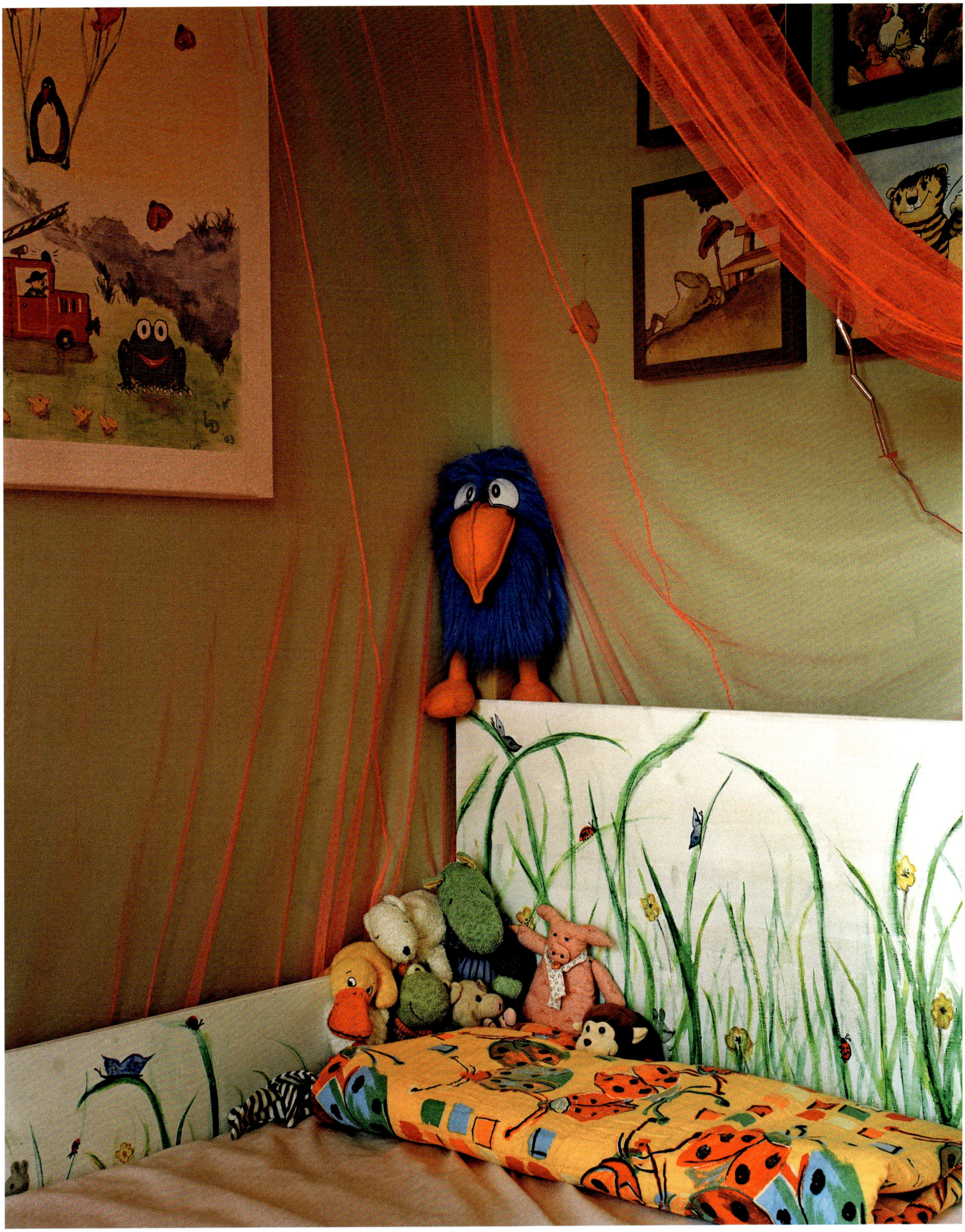

106　In deutschen Reihenhäusern | Mainz

Roland G., 37, Schichtarbeiter
Marion G., 44, Mitarbeiterin eines
Behinderten-Fahrdienstes
Rebecca, 16, Schülerin
Alina, 14, Schülerin

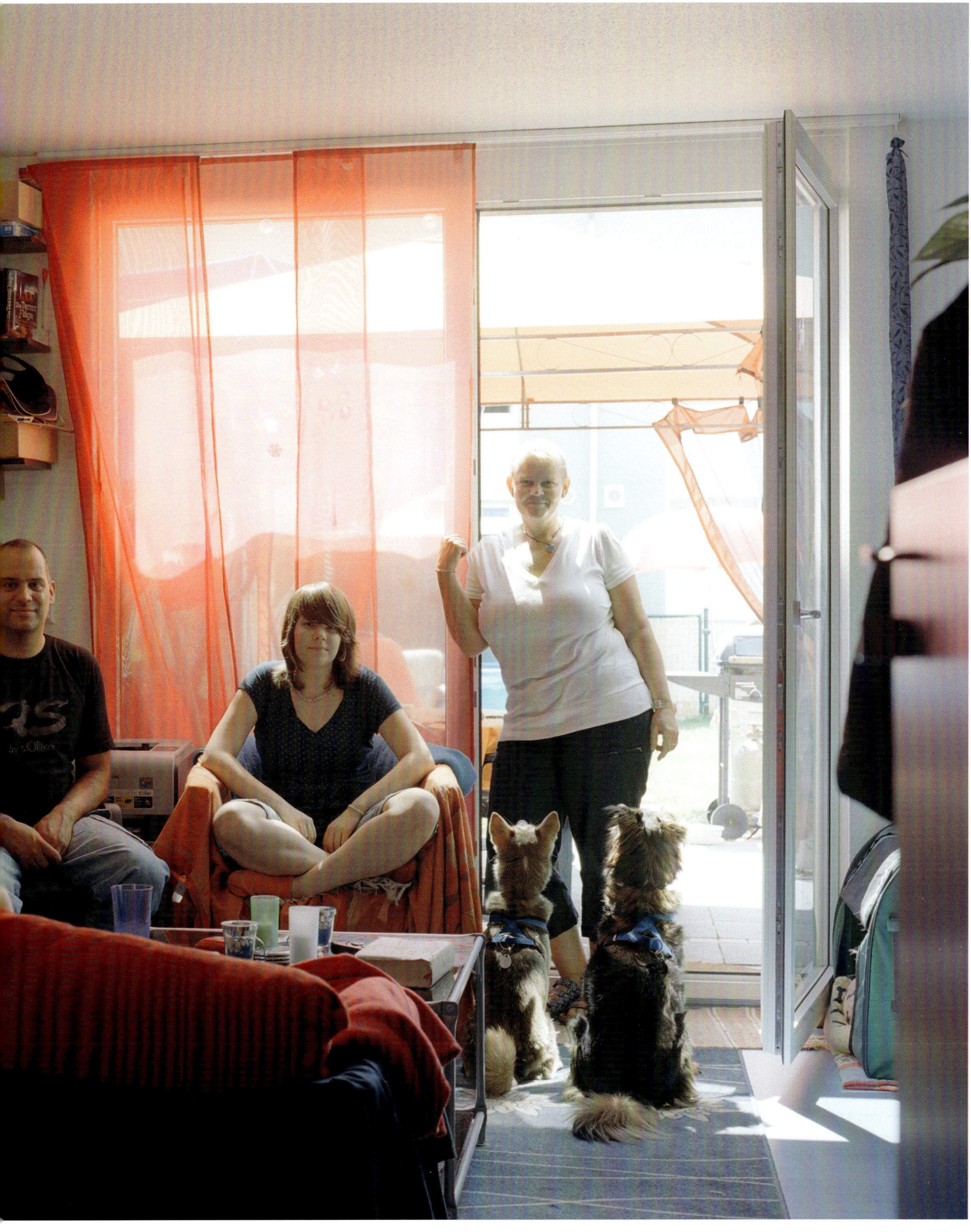

Bei der Arbeit bewegt er Technik in großem Maßstab: Roland G. ist beim Autobauer Opel in Rüsselsheim Herr über 2.000 Roboter. Zu Hause bevorzugt er filigranere Dimensionen: Zwischen Küche und Wohnzimmer schmückt eine kleine Sammlung von Armbanduhren die Wand. Damit beschäftigt sich der Schichtarbeiter aber nur, wenn ihm die Mitbewohner Zeit lassen. Das sind außer den drei Frauen noch die Hunde Flöckchen und Emil sowie Sascha, die Katze. Die zwei Letztgenannten toben inzwischen durch den Garten.

Ein grünes Kleinod, das fast im Schatten eines Baumes stand. „Neben der Lackfabrik, die früher auf diesem Gelände war, wuchs bis zum Abriss ein knorriger Walnussbaum", sagt Marion G., „gäbe es den noch, stünde er jetzt genau neben unserem Garten." Die Familie sah es zuerst mit einem weinenden, dann mit einem lachenden Auge. Denn jetzt darf das eigene Grün ungeniert in der Sonne wachsen. Übrigens so üppig, dass es schon bald auf Baumhöhe reicht.

Mainz | In deutschen Reihenhäusern 109

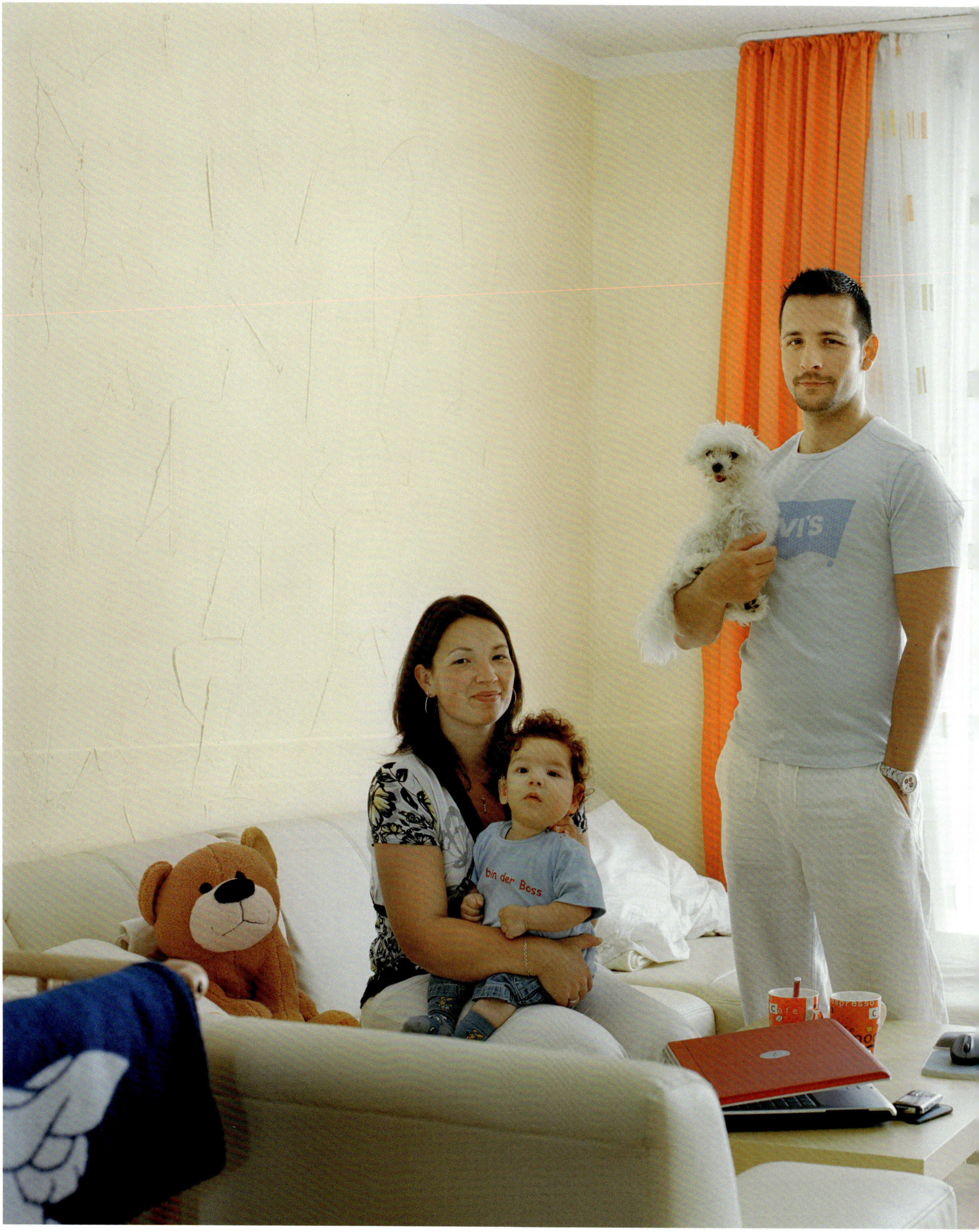
bin der Boss

Marco L., 31, Office Manager der US-Armee
Stefanie L., 25, Hausfrau
Marcos-Alexander, 18 Monate

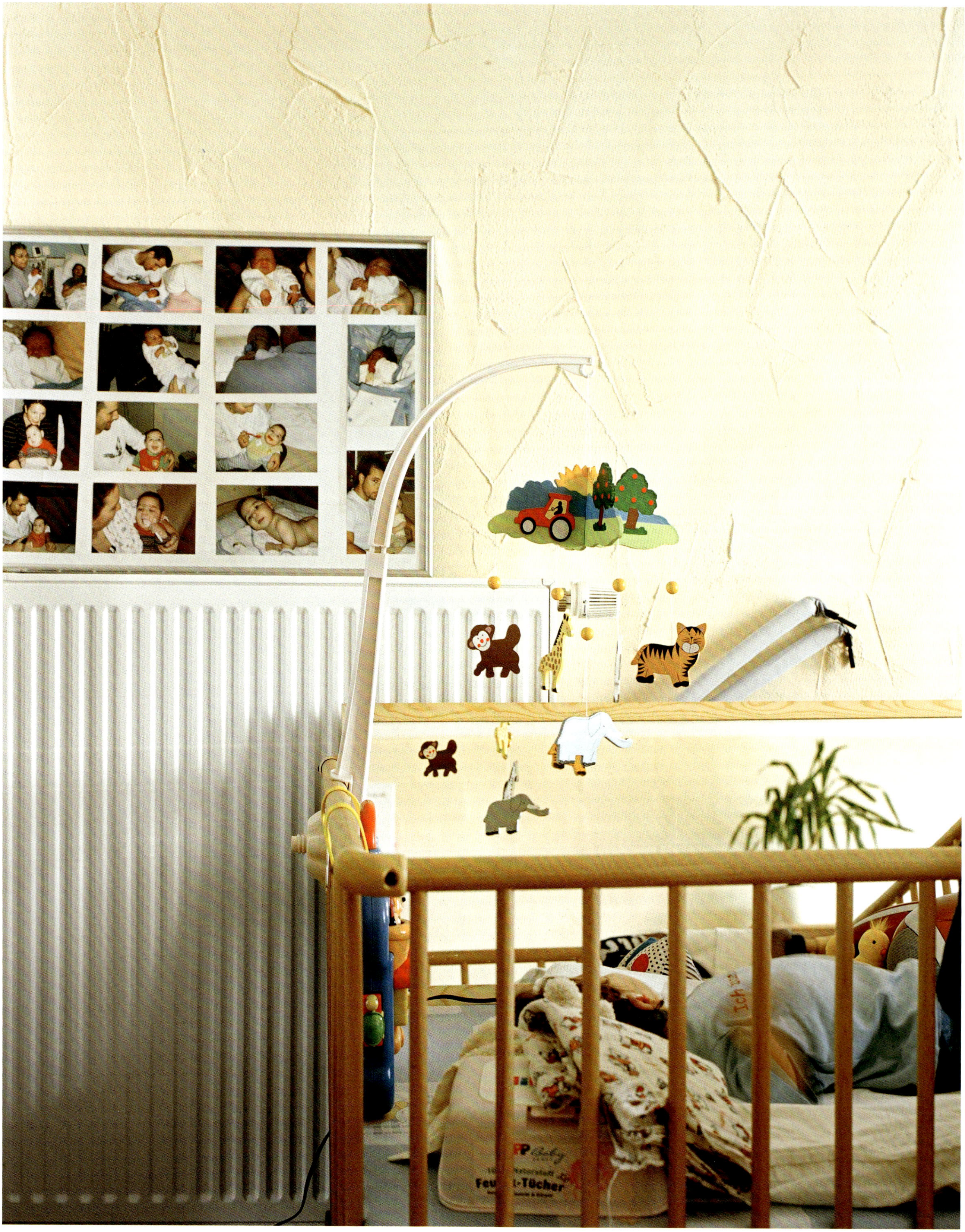

Von seiner portugiesischen Familie kennt Marco L. das Leben in einem mehrstöckigen Haus. „Über ein Eigenheim nachzudenken, war für mich deshalb kein Lebenstraum, sondern eher eine sachliche Entscheidung." Das hat sich mittlerweile geändert. Der Armeeangestellte empfindet das Leben im eigenen Haus mit seiner Frau Stefanie und Sohn Marcos-Alexander nicht nur zweckmäßig, sondern frei und ohne belastende Verordnungen. „Ich kann alles selbst planen. Keiner redet rein, keiner schreibt mir eine Hausordnung oder den Termin vor, wann ich die Straße zu kehren hätte. Das ist für mich Lebensqualität."

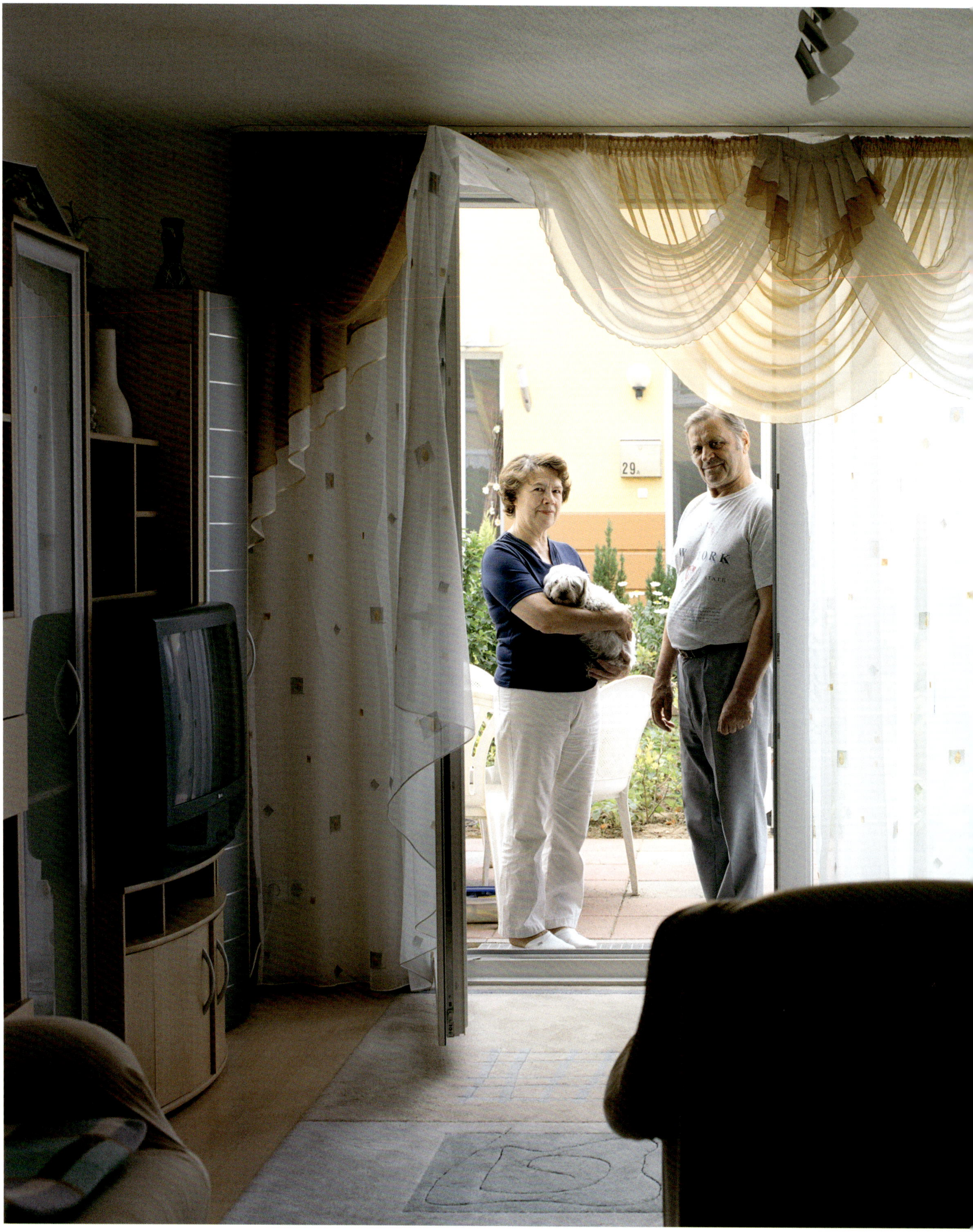
29

Erika L., 61, Lehrerin für russische Literatur
Viktor L., 70, Schmied

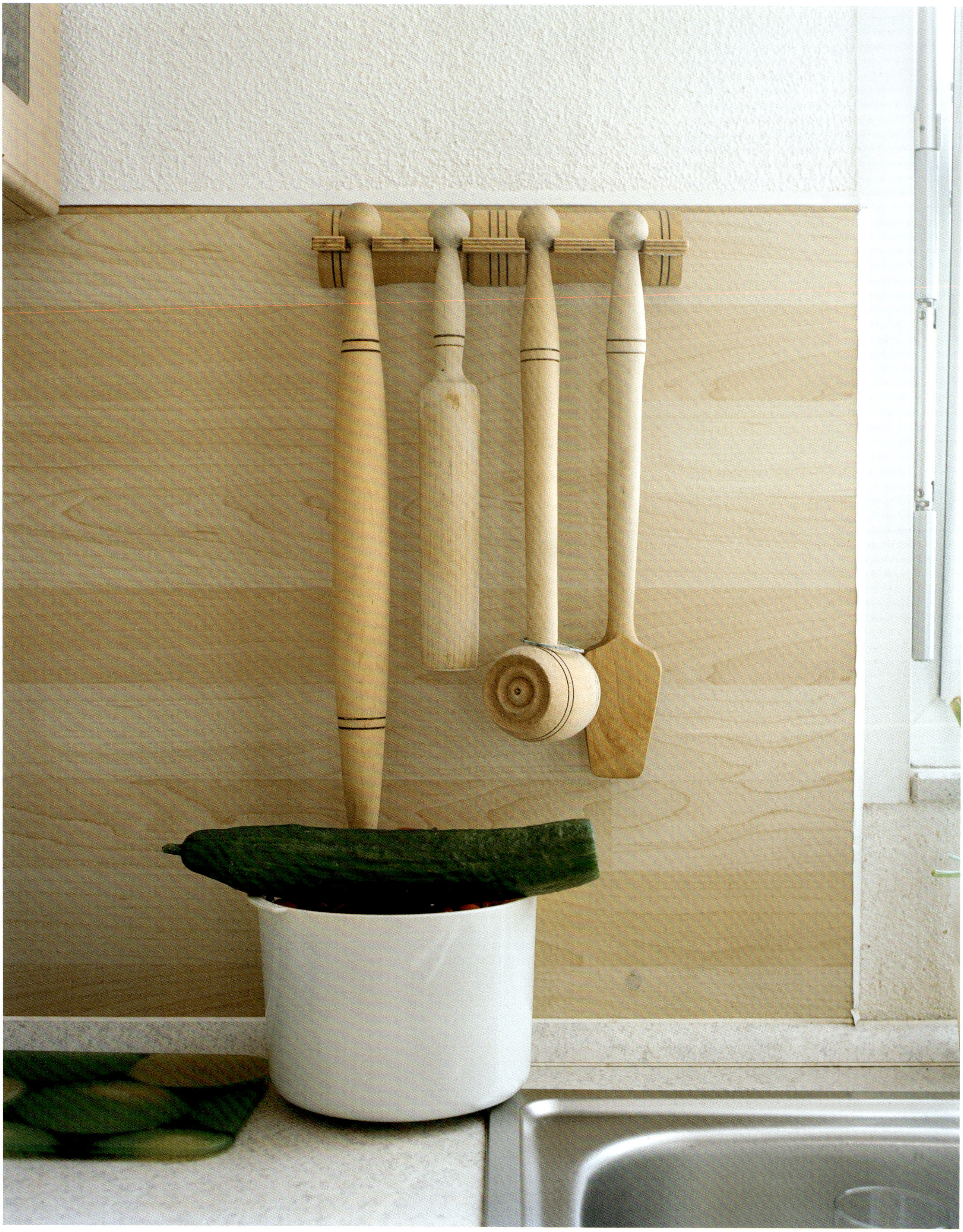

Im Buchschrank stehen in zwei Reihen Puschkin, Tolstoi und Dostojewski. „Ich liebe die russischen Autoren", erzählt Erika L., einst Lehrerin für russische Literatur. Heute ist die 61-Jährige ehrenamtlich bei der Caritas engagiert. Vor drei Jahren zog sie mit ihrem Mann nach Weilerbach. „Wir wollten nah bei unseren Kindern sein, sie sind nur wenige Häuser entfernt", ergänzt Viktor L., 70. Er lebt seit zwanzig Jahren in Deutschland. Heimat? Sein Bild von Heimat ist gebrochen, seit er als Kind aus der Ukraine für 15 Jahre nach Sibirien in ein Arbeitslager verschleppt wurde. „Für uns beide hat das Leben spät angefangen", sagt Erika L., „wir haben uns kennengelernt, als er schon 45 Jahre war und ich 37. Wir genießen jeden Tag."

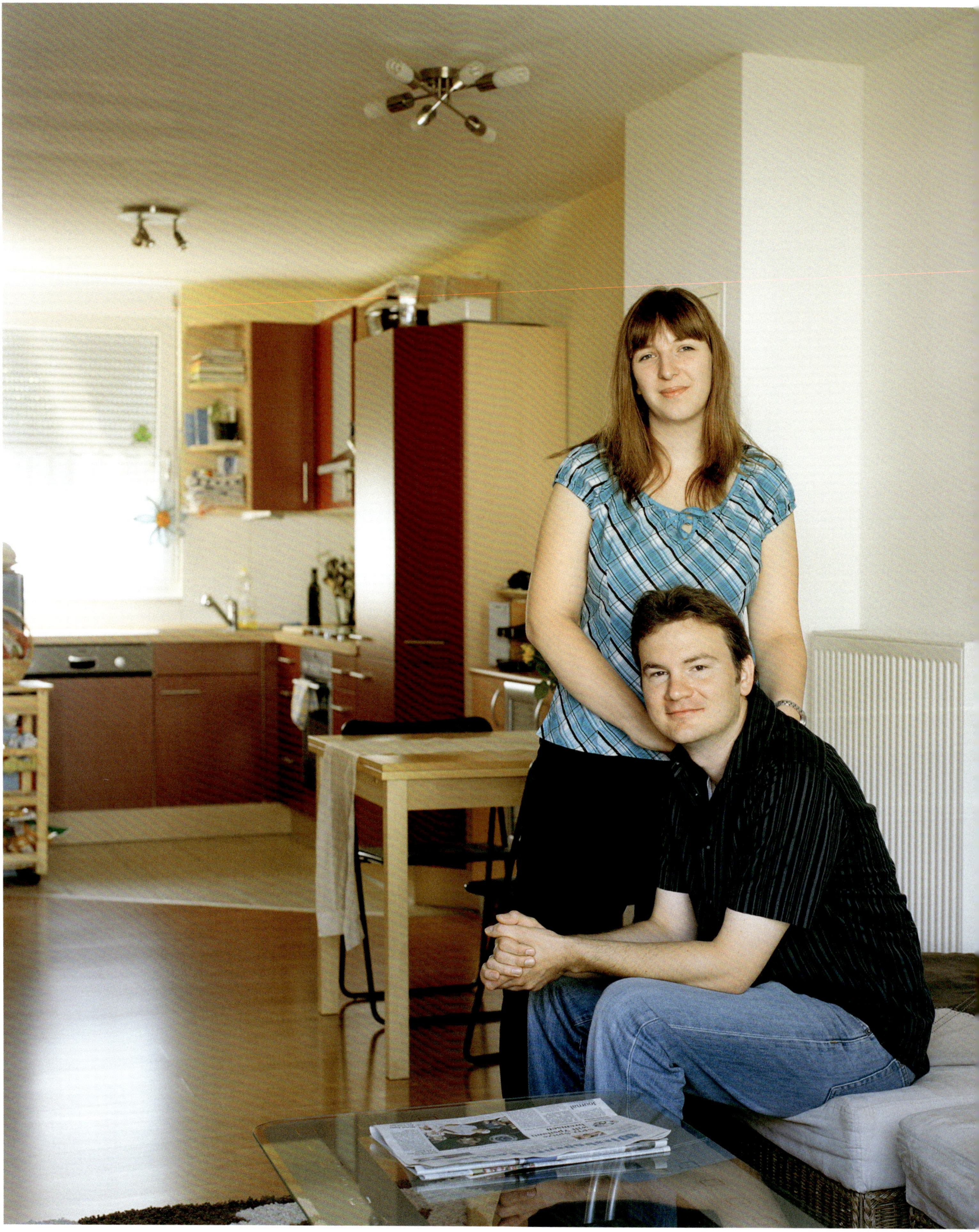

Robert M., 33, Industrie-Elektroniker
Marina B., 26, Bankfachwirtin

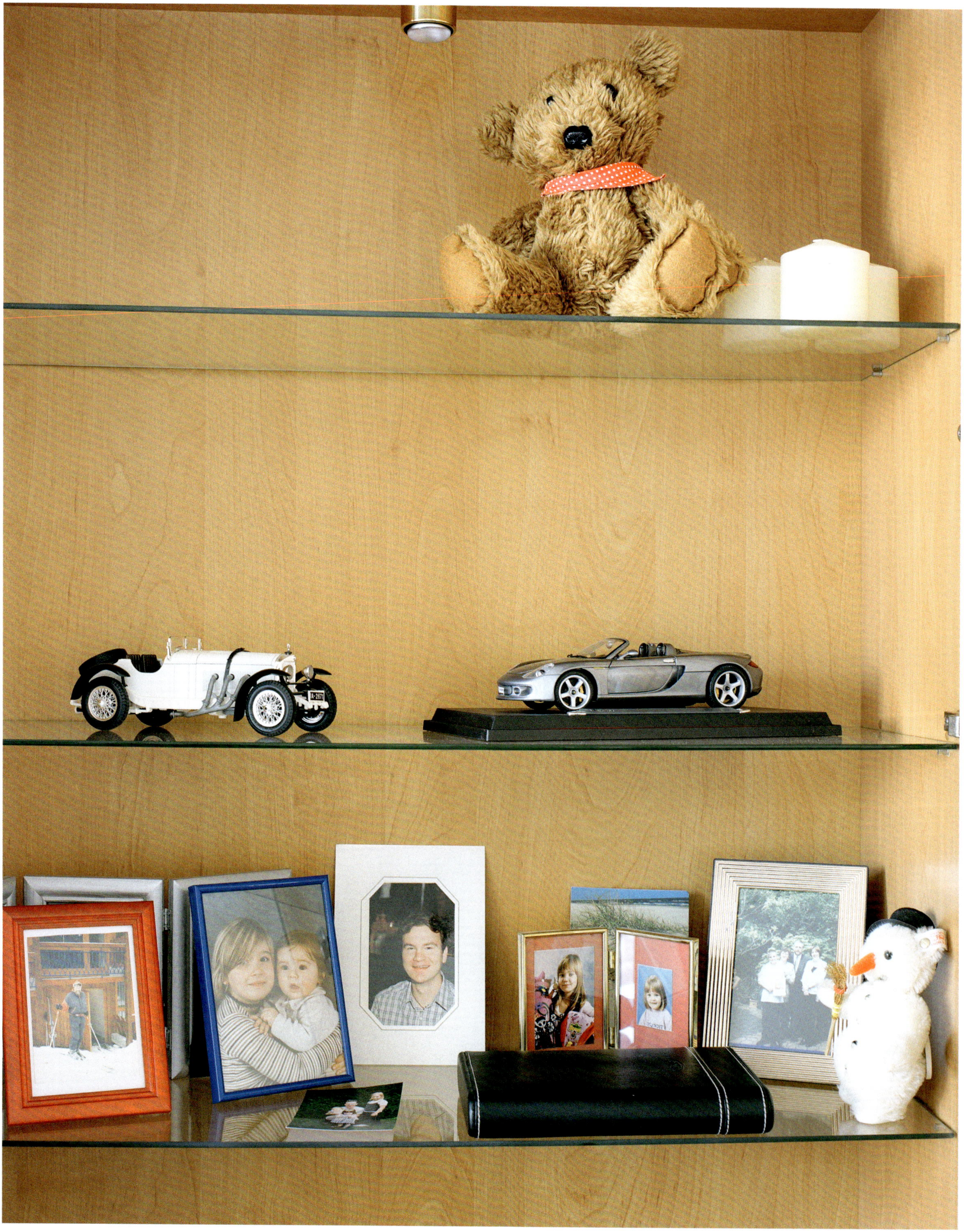

Ursprünglich konnten sich Marina B. und Robert M. nicht für das Wohnen im Reihenhaus begeistern, mitten in Mainz-Kastel, dem historischen Brückenkopf am rechten Rheinufer gegenüber der Mainzer Altstadt. Doch nachdem sie vergeblich Wohnungen im teuren Wiesbaden gesucht hatten, trieb sie die Neugier ins wachsende Neubau-Viertel. Als die beiden die farbenfrohe Siedlung sahen, fühlten sie sich sofort an Urlaub erinnert. Viel Zeit für Erholung bleibt dem Paar, das gerade hart für eine Höherqualifizierung arbeitet – er zum Technischen Betriebswirt, sie zur Fachbetriebswirtin – nicht. Da fügt es sich, dass das Kasteler Rheinufer zum Spaßbad umgestaltet wird: „Unsere Südsee mit eigenem Strand!"

ESPRIT DE CORP
SAN FRANCISCO
CALIFORNIA
HIGH FASHION
SINCE NINETEEN

Elke S., 30, Bundesbeamtin im Versicherungswesen
Manuel S., 35, Bundesbeamter im Finanzwesen

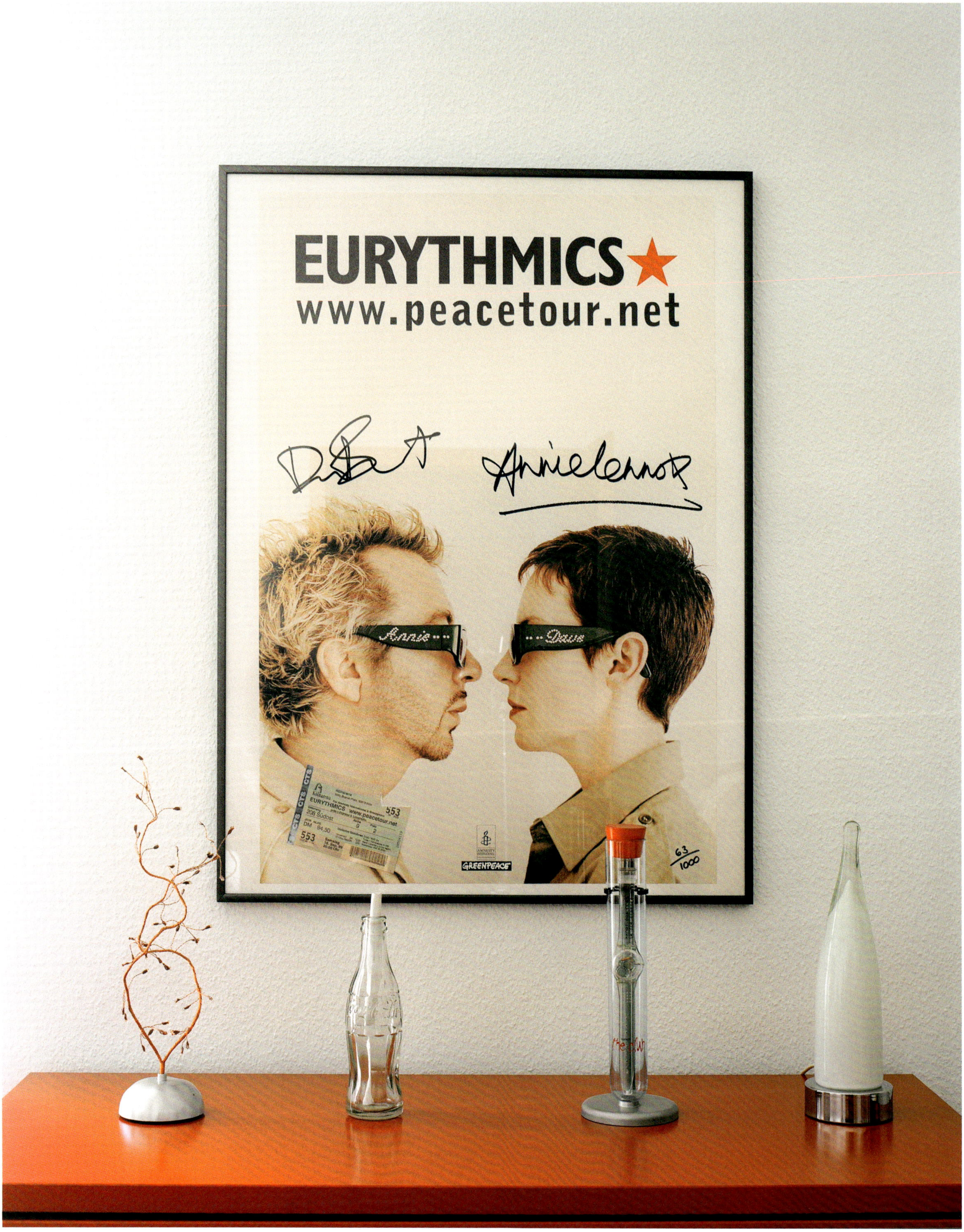
EURYTHMICS
www.peacetour.net
GREENPEACE

Im Flur hängen Konzertplakate, im Wohnzimmer thront ein Regal mit rund dreihundert CDs.

„Wir sind große Sting-Fans", erklärt Elke S. „Als wir uns kennenlernten, hörten wir ihn im Auto und stellten fest, dass wir ihn beide klasse finden."

Mit Sting im Gepäck suchten sich die beiden Bundesbeamten die erste kleine Wohnung aus, dann das erste, gemeinsame Haus. „Das ist eine Entscheidung fürs Leben", sagen sie. Kinder nicht ausgeschlossen. Bis dahin reisen die Freaks zu jedem Konzert ihres Lieblingsmusikers. Jüngst schwitzten sie bei fast 40 Grad in der Sonne mit 50.000 Besuchern bei einem Police-Konzert in Köln. „Es war die Hölle – aber wir wurden durch die Musik dreimal entschädigt."

126   In deutschen Reihenhäusern | Speyer

Melanie W., 35, Hausfrau
Jürgen W., 40, Bezirksleiter eines Vertriebsunternehmens
Fabienne, 5
Jasmin, 9, Schülerin

Rolf G., 68, Rentner
Gertrud G., 68, Rentnerin

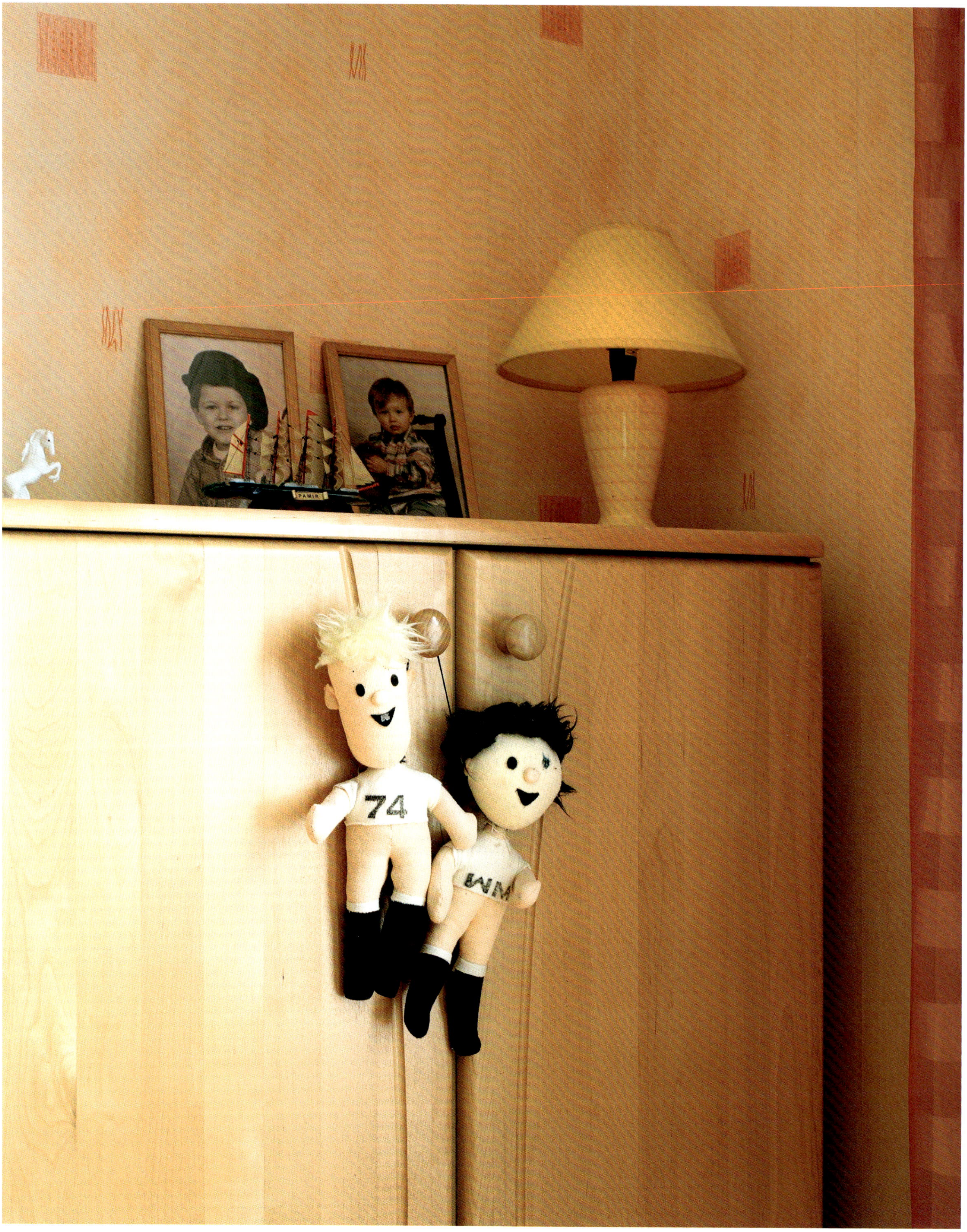
74
WM

„Mein Mann und ich haben beide drei Geschwister. Wir sind es von Kindesbeinen an gewohnt, in einer großen Familie zu leben. Zuerst lebten wir bei meinen Eltern, jetzt leben sie bei uns", erzählt Melanie W. Die 35-Jährige wohnt mit ihren zwei Töchtern, Mann, den Eltern und Hase Hoppel unter einem Dach. „Mein Mann wäre gerne in sein Heimatdorf gezogen, aber ich kenne dort wenige", sagt Melanie W. „Es ist 25 Kilometer entfernt und meine Wurzeln sind hier."

Beleidigt waren Jürgen W.s Eltern nicht: „Mein Vater hat uns sehr unterstützt bei der Hauseinrichtung", erzählt Jürgen W. „Die Hilfsbereitschaft liegt bei uns in der Familie. Einer für alle, alle für einen."

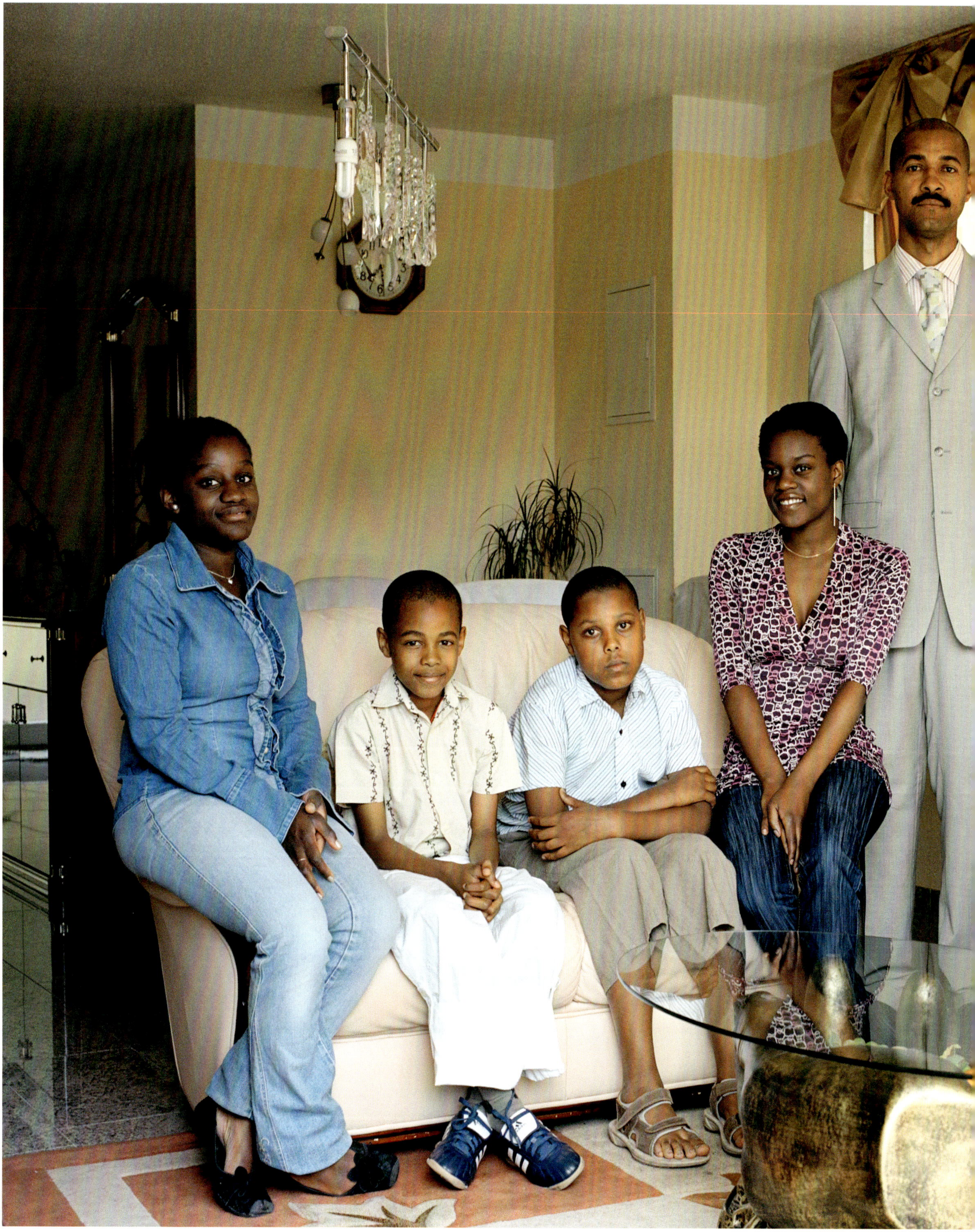

Teodoro C., 42, Dolmetscher
Amelia R. C., 43, Aushilfe im Kindergarten
der Evangelischen Gemeinde Bonn
Mercedes R., 22, Studentin
Eulália R. D., 25, Krankenpflegerin
Jananyny R. C., 19, Schülerin
Braulio R. C., 12, Schüler
Bradley R. C., 8, Schüler

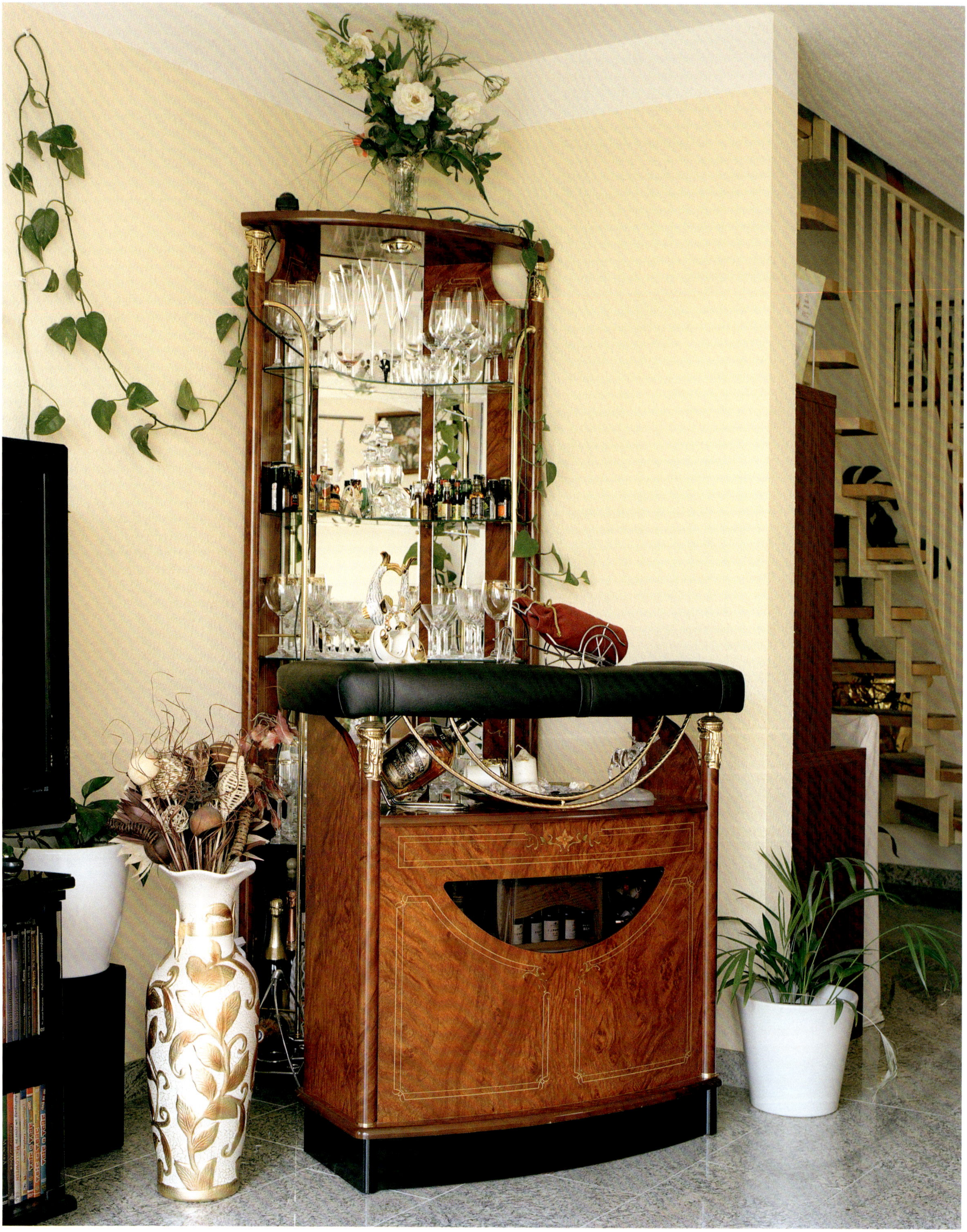

Sieben Personen unter einem Dach – die C.s sind keine Kleinfamilie, sondern ein echter Clan. Vier von ihnen sind in Angola
geboren, die jüngsten drei in Bonn zur Welt gekommen. „Unser
Haus ist ein richtiger Kommunikationspunkt", sagt Teodoro C.,
der als Dolmetscher weltweit für Unternehmen unterwegs ist.
„Früher mussten wir einen großen Saal anmieten, heute feiern
wir in unserem Wohnzimmer und Garten. Wir mögen es, gemeinsam etwas zu bewegen."

Dazu gehören auch Reisen – das Hobby der vielköpfigen Familie.
Die Schwiegereltern in Angola besuchen sie regelmäßig. Doch
zurückgehen? „Wir leben gerne in Bonn", unterstreicht C., „es ist
eine ruhige, grüne Stadt, die gut verwaltet wird. Wir haben hier
ein richtiges Zuhause gefunden."

Stephan S., 34, Bauingenieur

Kaiserslautern | In deutschen Reihenhäusern

„Was mich selbst am Reihenhaus-Wohnen gereizt hat, war die Unabhängigkeit. Vorgaben von außen, wie zum Beispiel Treppenhausputzen, fielen weg.

Eine weitere schöne Erfahrung: Die Nachbarschaftshilfe ist groß. Wir haben gemeinsam ein Carport aufgebaut und zu viert Rollrasen für zehn Häuser verlegt. Jeder profitiert davon, wenn es beim Nachbarn schön ist.

Heute genieße ich es, am Wochenende nichts vorzuhaben. Was an Zeit übrig bleibt, investiere ich in meine Freunde. Ich habe mich immer um Menschen gekümmert, schon in der Jugendgruppe. Ich finde, Gemeinschaftlichkeit ist eine wichtige Essenz – auch fürs Wohnen."

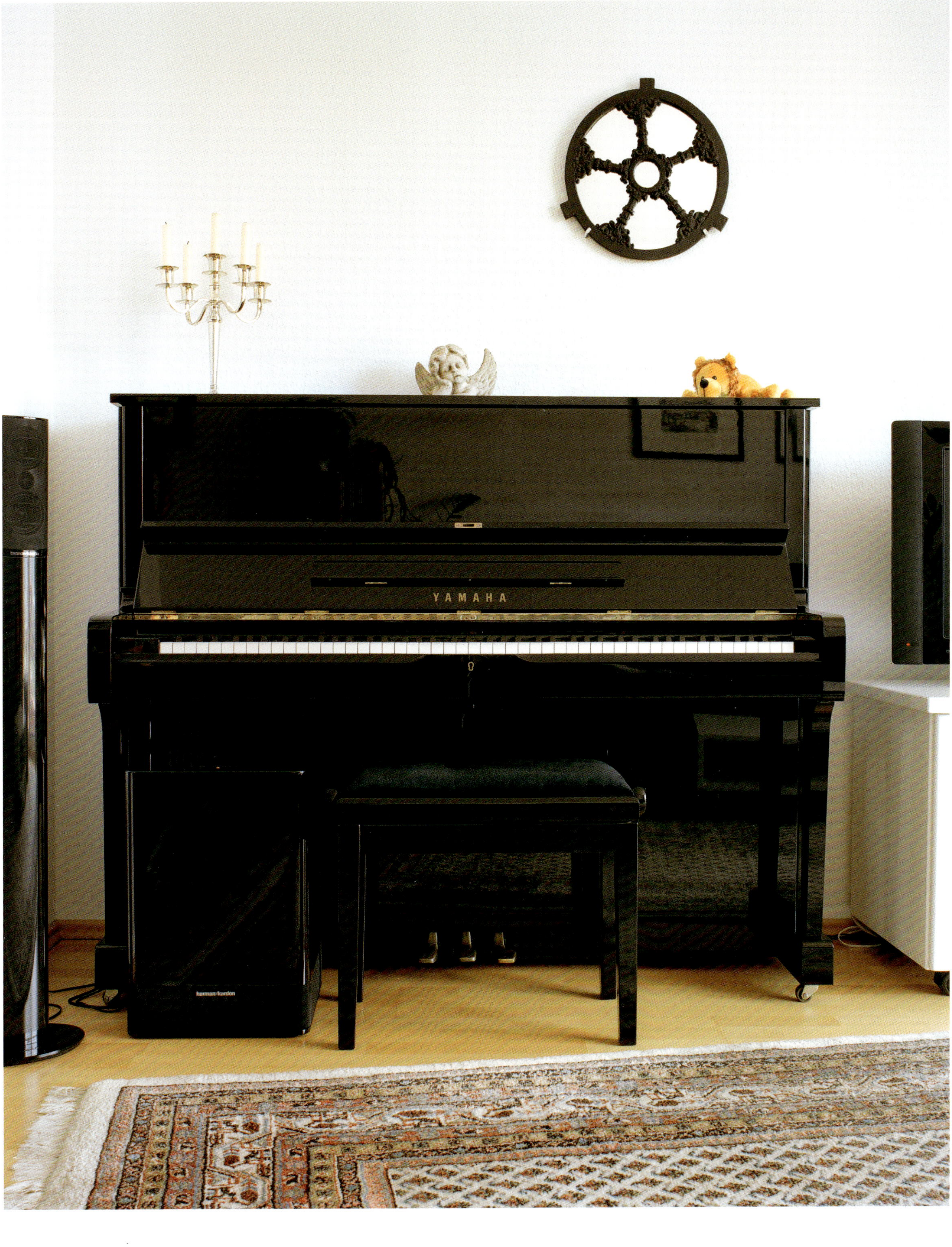
YAMAHA

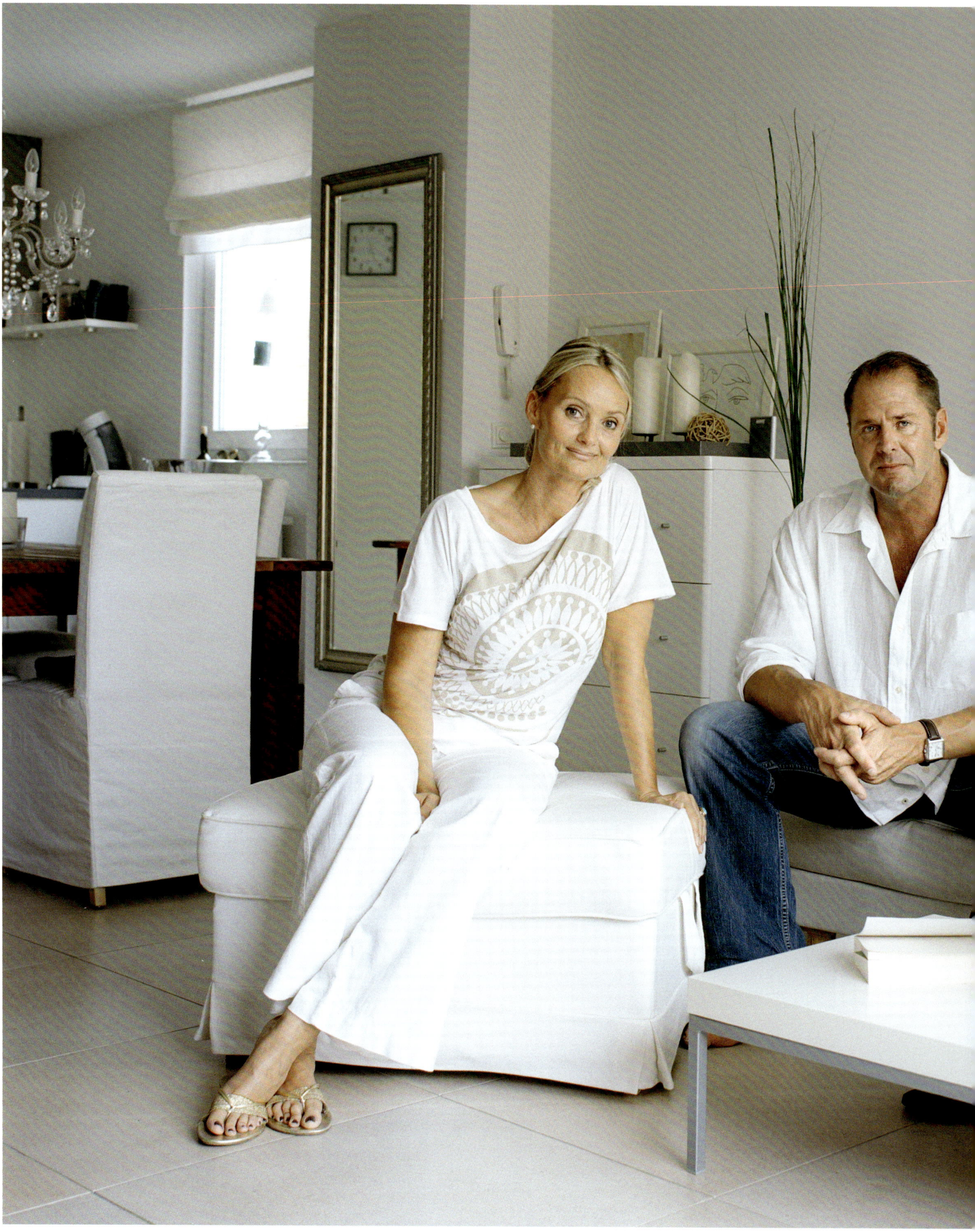

Anette S., 41, Kundenberaterin in einer Spedition
Jürgen S., 50, Projektmanager in der IT-Branche

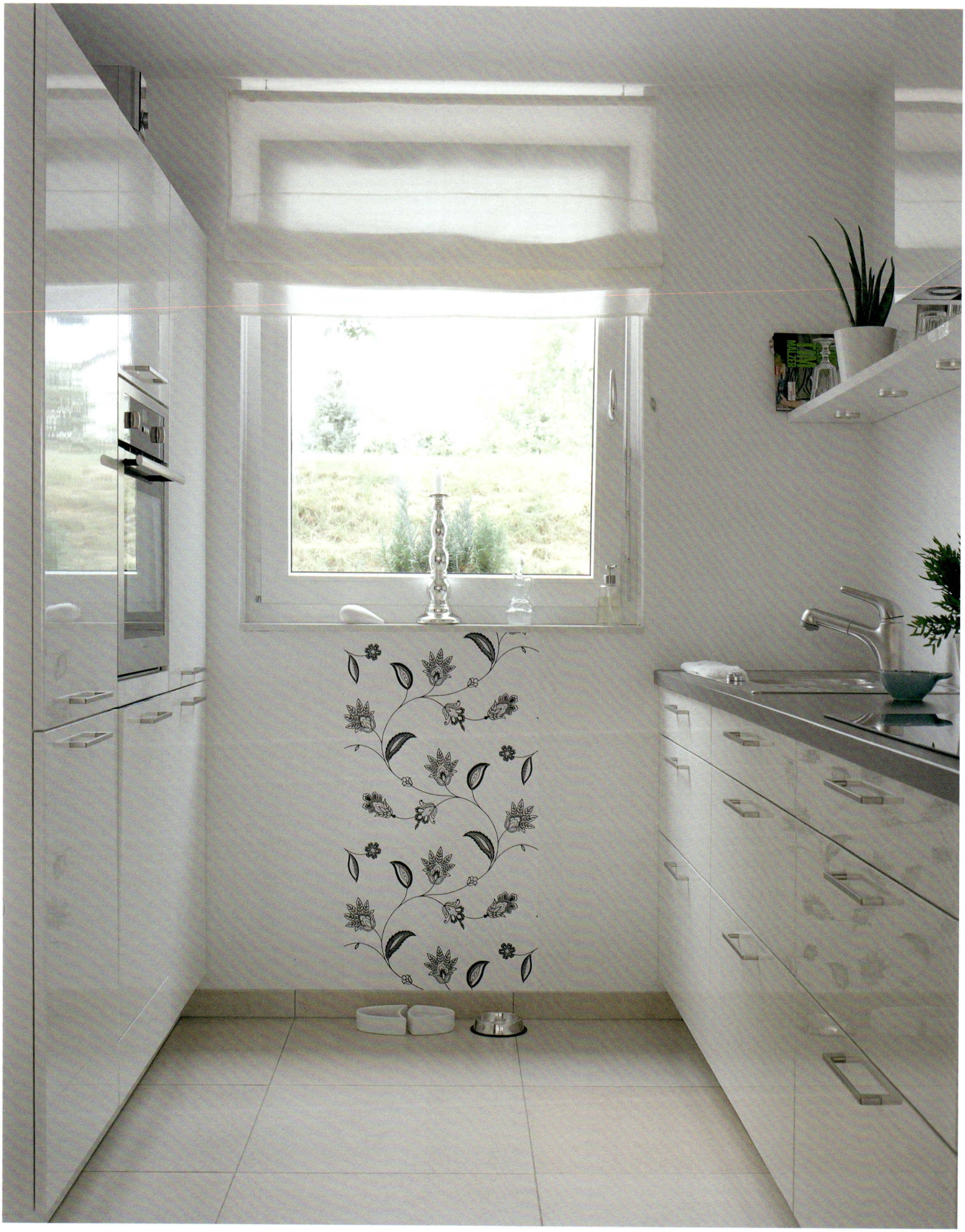

„Das Haus ist ein Stück Lebenserfüllung", sagt Jürgen S., „und es steht im Mittelpunkt. Wir beide interessieren uns sehr für Inneneinrichtungen. Doch ich fürchte, fertig werden wir nie, denn wir haben immer neue Ideen."

„Ich finde es macht unglaublichen Spaß, die eigene Umgebung zu gestalten", unterstreicht seine Frau Anette. „Ich habe nachts im Bett gelegen und an die Bepflanzung des Gartens gedacht. Nur totes, grünes Gras wollten wir nicht."

„Ihre Ideen habe ich dann umgesetzt", lacht Jürgen S. „Es war eine Mordsarbeit. Bei 35 Grad in sengender Hitze."

„Aber es lohnt sich", erzählt Anette S., „unsere Katze Coco nutzt zum ersten Mal in ihrem zwölfjährigen Leben einen Garten – und sie ist total ausgeglichen."

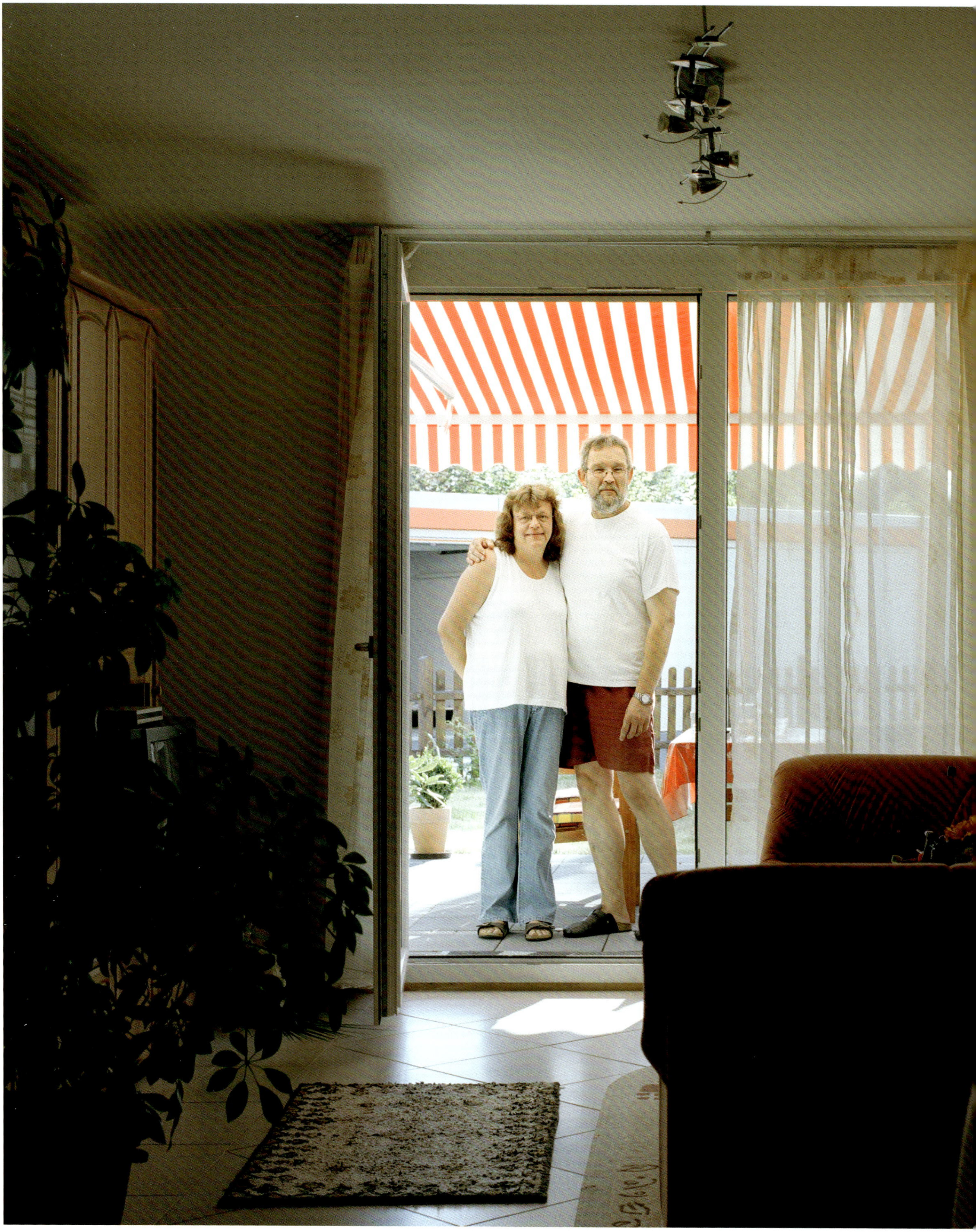

Mainz | In deutschen Reihenhäusern 143

Arthur F., 50, Metzger
Marga F., 48, Baustellen-Disponentin

144 In deutschen Reihenhäusern | Mainz

Über das Freizeitverhalten der F.s geben die drei Schaukästen mit karnevalistischen Orden Auskunft. Marga F. ist seit 43 Jahren in der Jocus-Garde, einer der größten Fasnachts-Garden in Mainz-Kastel, aktiv. Klare Sache, als sich die beiden kennenlernten: „Er hatte die Wahl: Entweder er bewacht die Möbel oder er macht mit." Arthur F. entschied sich für Mitmachen und die beiden heirateten jüngst. Beim nächsten Fasnachtsumzug marschieren nun vier Generationen mit: Marga F.s Mutter, sie selbst mit ihrem Mann, dazu Kinder und Enkel. Feiern reizt die Familie auch in der Nachbarschaft. Baut einer ein Gartenhaus, helfen sie mit und anschließend wird gemeinsam das Richtfest zelebriert. Auf Zäune zwischen den Grundstücken verzichten sie und blicken auf eine große, gemeinsame Wiese: „Das ist doch viel schöner für die Kinder."

Ljubinka S., 53, Arbeiterin in einer
amerikanischen Firma
Trajko S., 61, Rentner
Michael, 17, Schüler (nicht abgebildet)
Filip, 14, Schüler

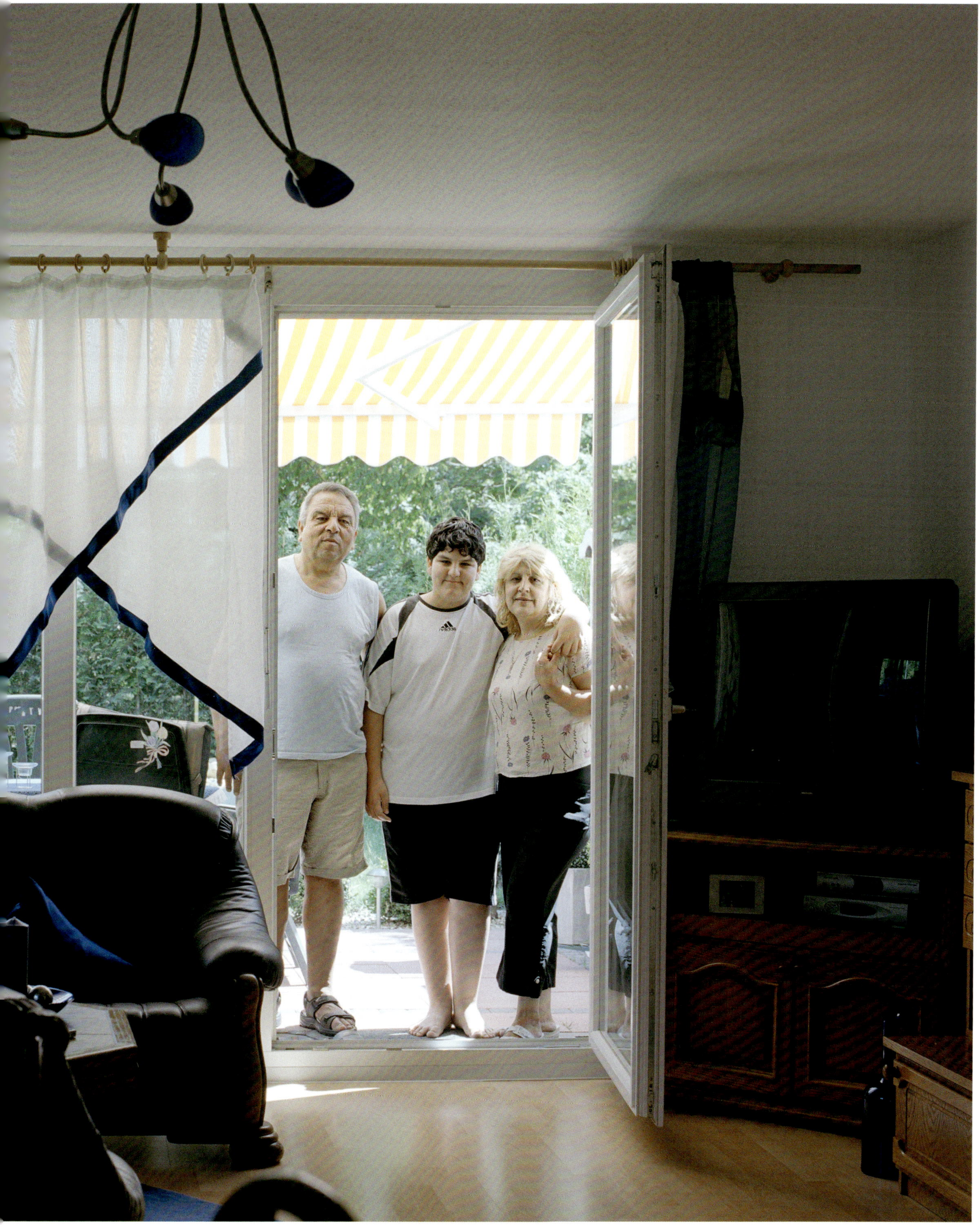

„Mein Leben besteht eigentlich nur aus Arbeit", sagt Ljubinka S. „Wir bewohnten früher eine kleine Wohnung in Speyer. Unsere Söhne wurden älter, der Mann arbeitet nicht mehr, wir brauchten mehr Platz. Ich bin Serbin, mein Mann ist Mazedonier. Wir wollten unseren Kindern etwas bieten.

Ein Hobby? Wissen Sie, ich arbeite sieben Tage in der Woche, zwei davon sind Nachtschicht, da bleibt kein Platz für ein Hobby. Meine Söhne sitzen viel am Computer, mein Mann im Garten. Ich mache noch den Haushalt. Gerade habe ich gekocht, wir erwarten Besuch. Es sind unsere Landsleute. Was es gibt? Serbische Bohnensuppe."

Speyer | In deutschen Reihenhäusern 149

Sevilay D., 45, Sachbearbeiterin
Mezut D., 44, selbstständiger Buchhalter
Anil Ozan, 17, Schüler

Frankfurt am Main | In deutschen Reihenhäusern   151

Der Stolz der D.s sind ihre in der Türkei gekauften Möbel. Erworben nicht nur aus Verbundenheit zur alten Heimat, sondern aus Gründen der Ökonomie: „Das ist 1a-Qualität zu einem Bruchteil des Preises, den wir in Deutschland bezahlt hätten", sagt Sevilay D. Der Möbelkauf wurde eine Familienaktion: Vater D. fuhr los und suchte die Möbel aus. Mutter und Sohn reisten nach und prüften die Qualität. Alle zusammen organisierten die Lieferung per Spedition. Inzwischen haben die D.s nicht nur eine originelle Einrichtung, sondern auch jede Menge Platz für Gäste. „Freunde oder Verwandte ins Hotel zu schicken – das wäre eine Beleidigung für uns."

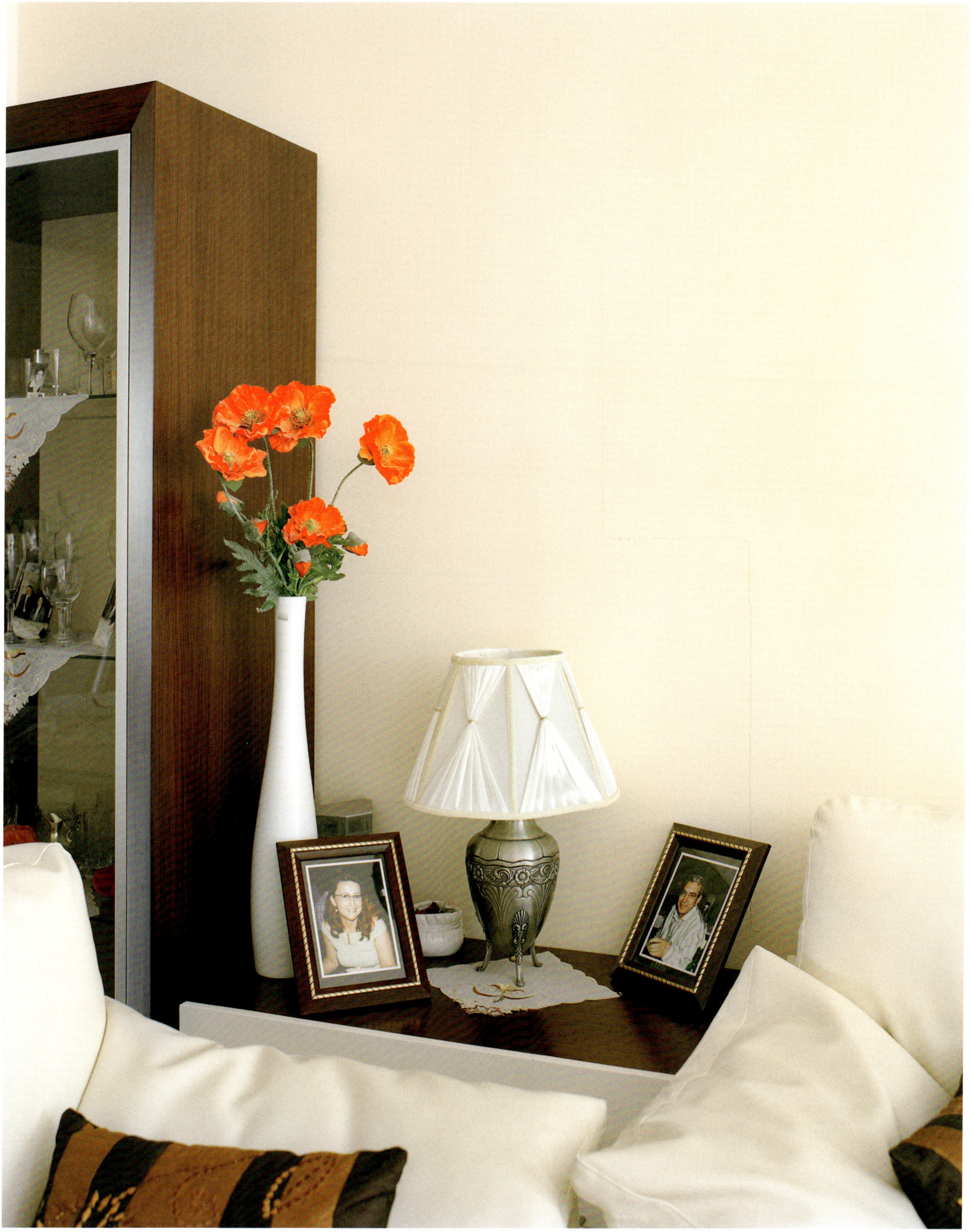

Elke F., 69, Altenpflegerin
Michael L., 62, arbeitet bei einem Umzugsunternehmen

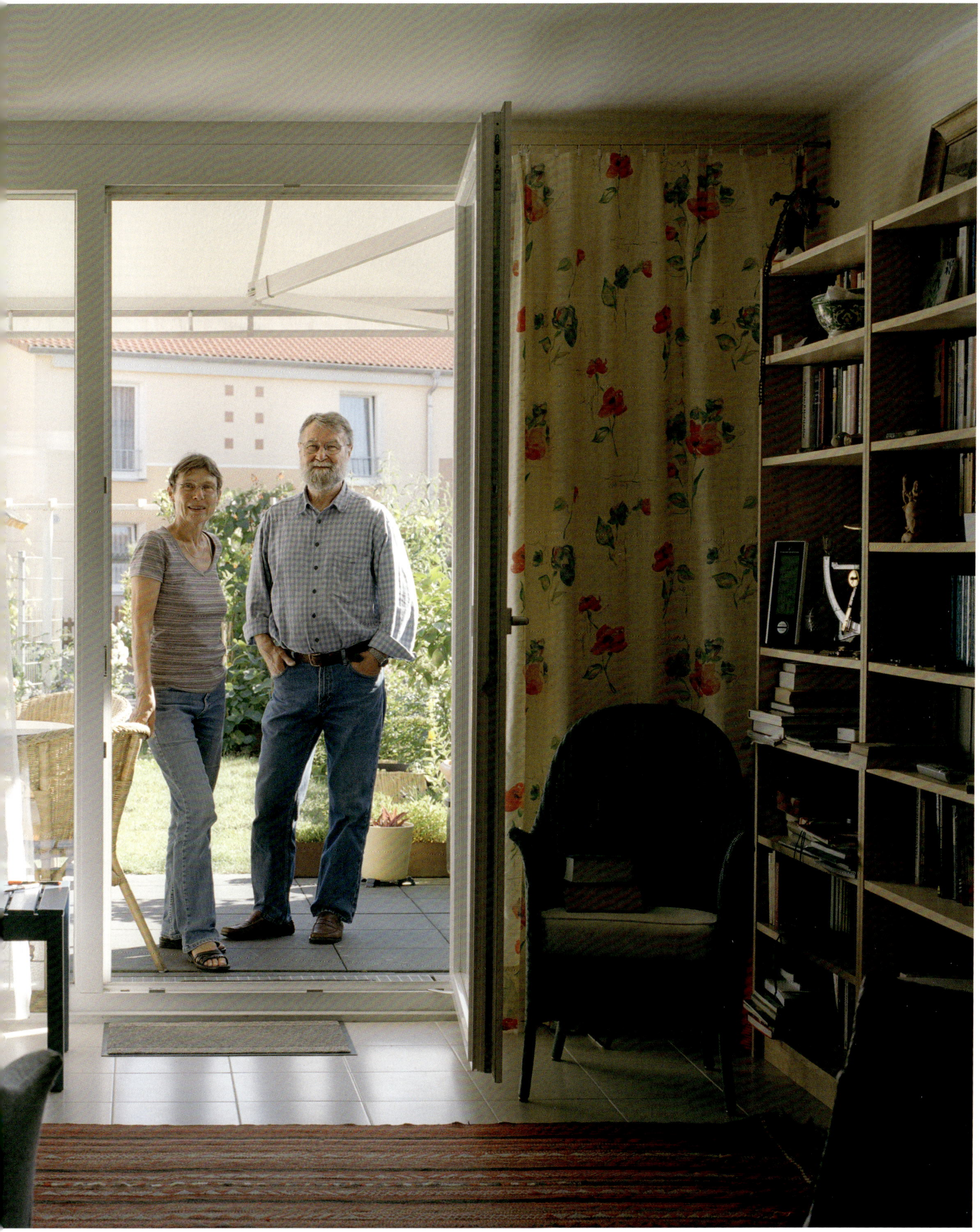

Im Garten wachsen Lavendel, Duftrosen und Salbei – im Wohnzimmer finden sich kleine, antike Stücke von französischen Flohmärkten. Das Haus von Elke F. und Michael L. könnte ein Stück Frankreich sein.

„Ich habe lange ein Haus in der Auvergne besessen", erzählt Elke F. „Es hatte einen großen Garten. Wir sind immer mit einem alten R4 dorthin gefahren. Die Dorfbewohner haben uns beäugt, weil wir keine Handwerker riefen, sondern alles selbst machten. Dass wir kein Geld für Hilfe hatten, hat ja keiner geahnt." Für das Paar sollte Frankreich ein Altersruhesitz werden. „Aber wir beide sprechen nicht fließend Französisch und die mangelnden Sprachkenntnisse isolierten uns. Wir hatten Glück, als wir das Haus in Bonn entdeckten und unseren kleinen Sitz in der Auvergne gut verkaufen konnten. Für jeden ist das hier ein Neuanfang. Das prägt auch die Gemeinschaft mit den Nachbarn. Wir haben einen guten Draht untereinander."

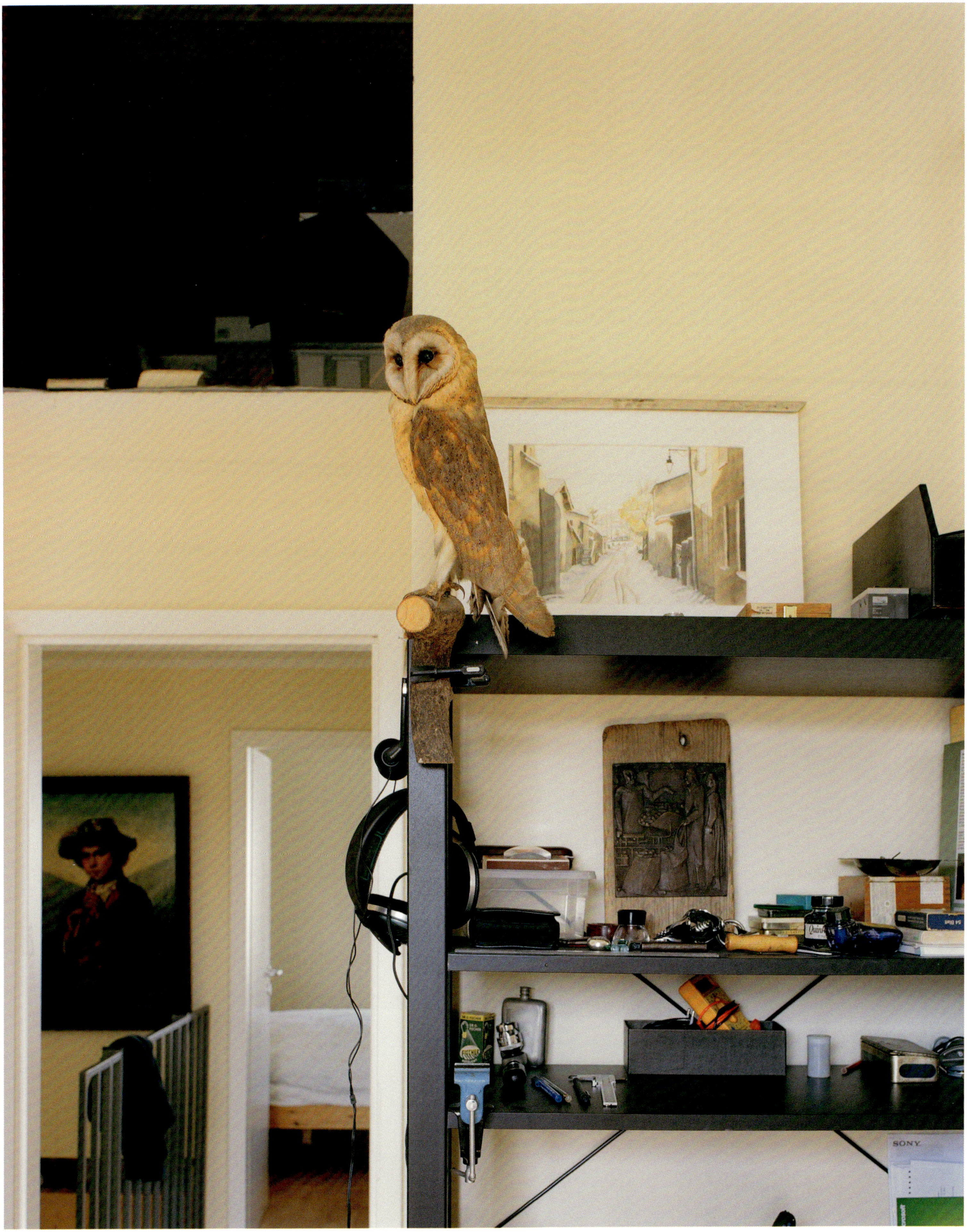

Walter O., 45, Schichtleiter
Heidi O., 40, Hausfrau
Felix, 5

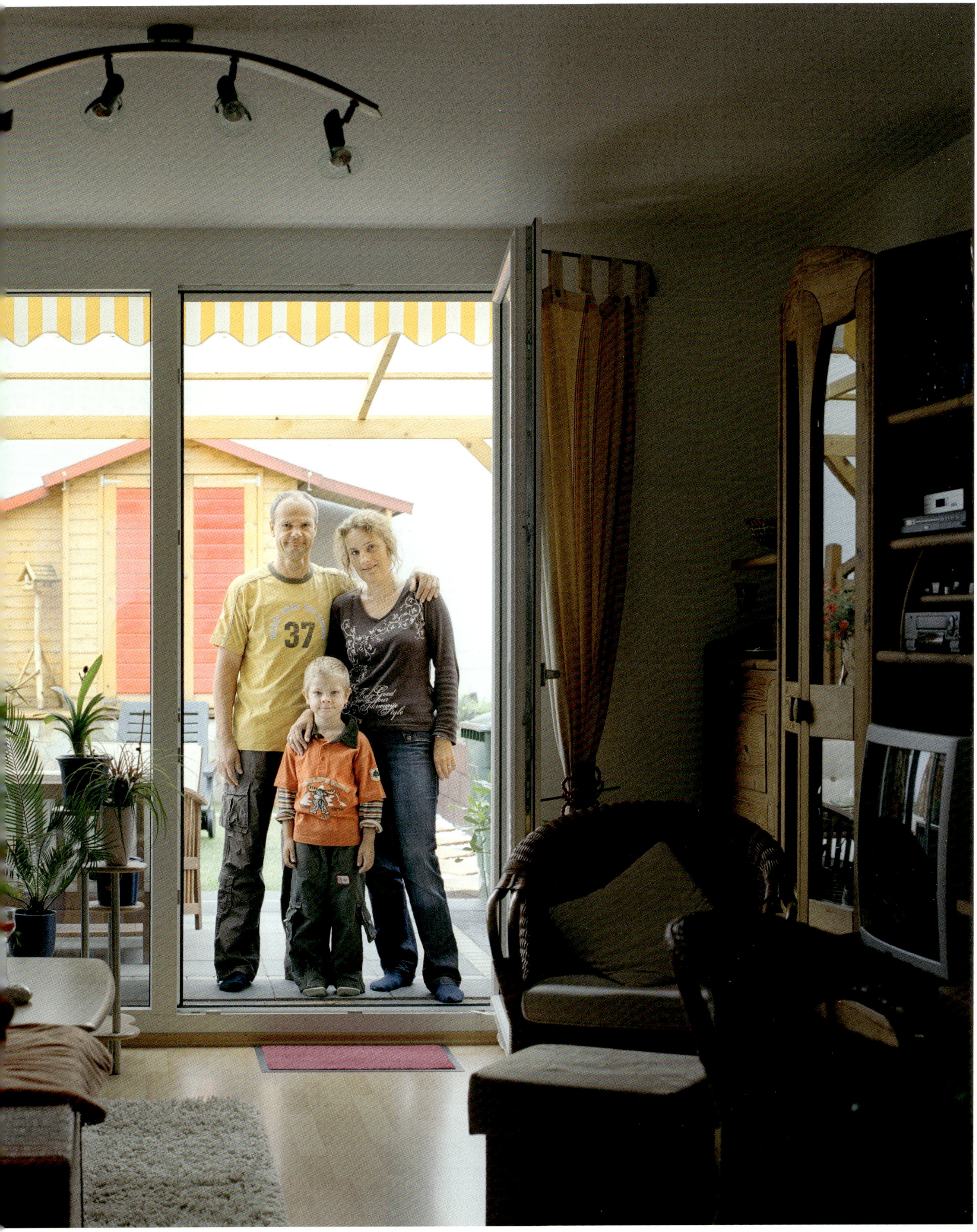
37

„Wenn man meinen Beruf ausübt, dann sollte man handwerklich begabt sein", sagt Walter O., gelernter Heizungsbauer und heute Schichtleiter. In seinem Koblenzer Haus hat er mit seiner Frau Heidi vieles selbst umgesetzt. „Arbeitsteilung: Sie schmiedet die Pläne und ich realisiere sie", lacht er.

Wenn die kleine Familie nicht gemeinsam ins grüne Umland der alten Römerstadt Koblenz radelt, betreut sie zusammen mit Sohn Felix zwei australische Bartagame. Fast dreißig Zentimeter große Reptilien, die in einem Terrarium leben. „Endlich haben wir Platz dafür", sagt Walter O. Die Fütterung der ungewöhnlichen Haustiere ist ein kleines Krimistück für die Familie. „Wir geben ihnen lebende Heuschrecken oder Grillen. Beim Jagen stellen sie sich dann an wie Akrobaten. Aber bald erhalten sie ein friedliches Gegenüber – wir möchten noch ein großes Eck-Aquarium einrichten."

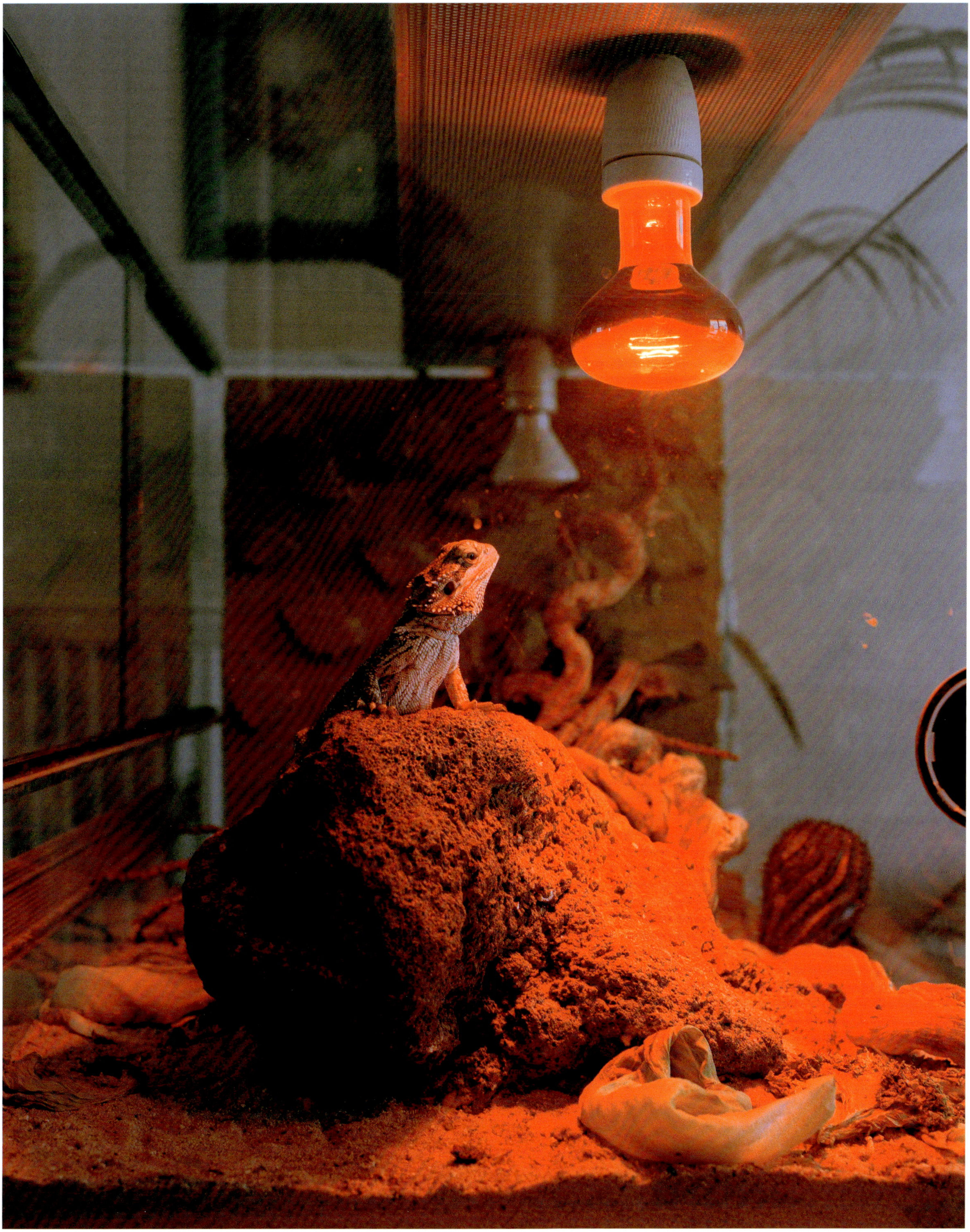

162 In deutschen Reihenhäusern | Ilvesheim

Maria L., 26, Versicherungskauffrau
Calogero L., 28, Friseur mit Salon
Noemi, 13 Monate

Ilvesheim | In deutschen Reihenhäusern 163

„Früher waren wir nur zu zweit, jetzt sind wir eine kleine Familie." Maria L. und ihr Mann Calogero bekamen vor einem Jahr ihre Tochter Noemi. Seitdem änderte sich das Leben des Paares, das aus dem gleichen sizilianischen Dorf stammt, rasant. „Wir brauchten ein Haus, in dem ich Noemi im Auge behalten, aber gleichzeitig arbeiten kann."

Maria L. besitzt ein Home Office als Versicherungskauffrau und ihr Mann Calogero einen Friseursalon, in dem er täglich Dolce Vita in die Schöpfe der Ilvesheimer zaubert. Jene Eleganz, die nur ein echter, italienischer Haarschnitt haben kann. Auch zu Hause ist das Paar patriotisch: „Wir mögen italienische Möbel und den modernen Stil", sagen sie. Und das Temperament? „Ist bei uns typisch italienisch", sagt Maria L., „und da macht unsere Kleine schon bestens mit."

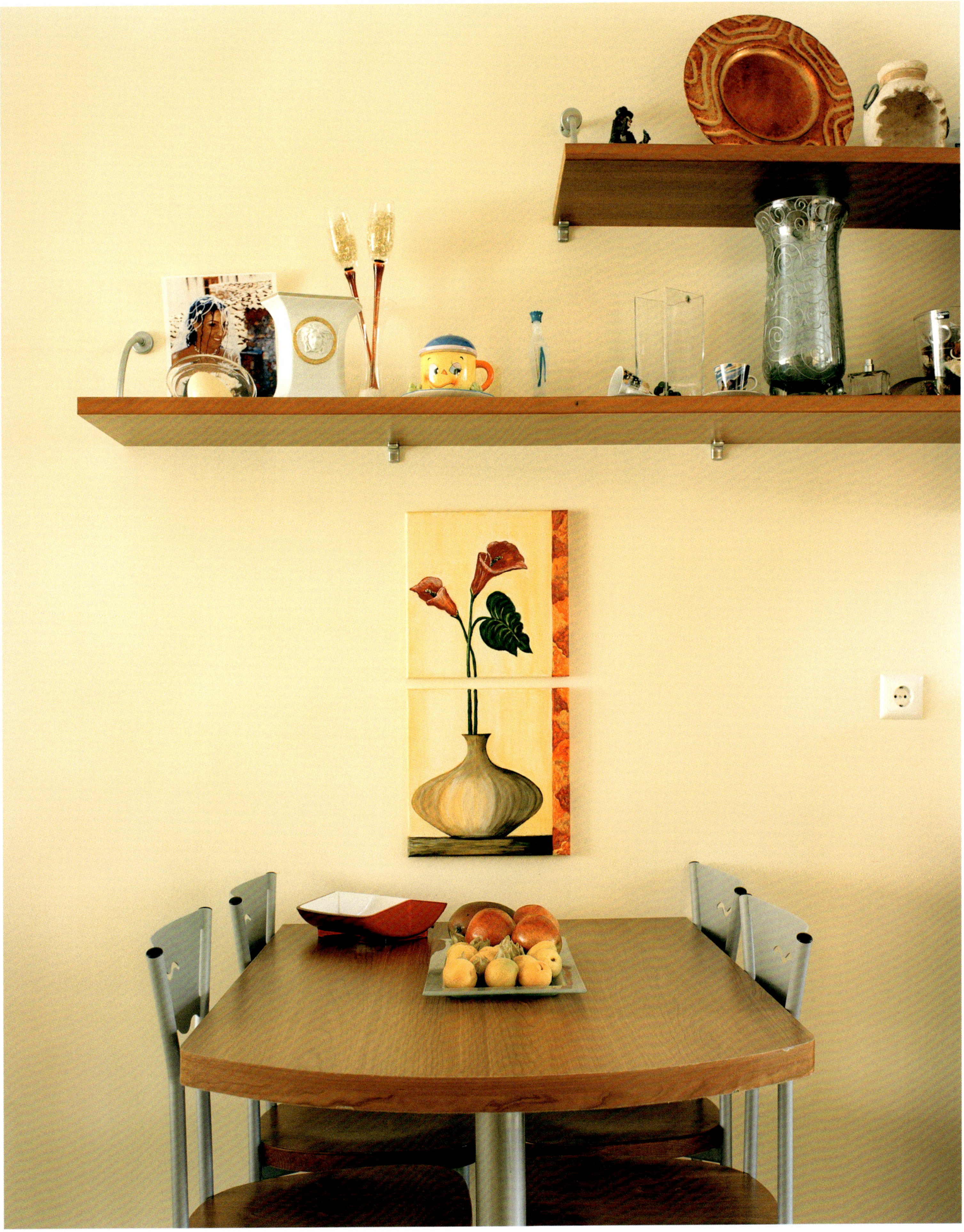

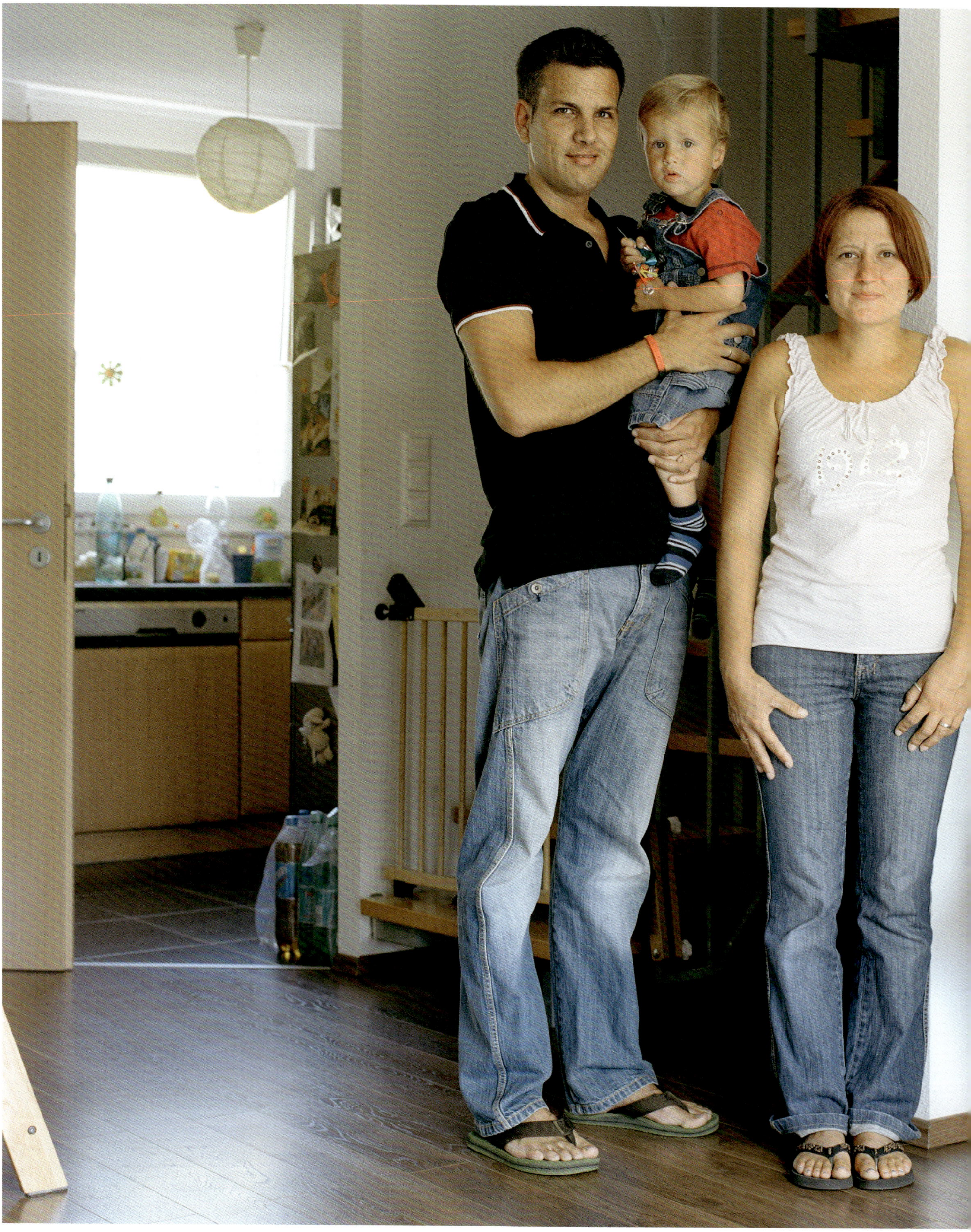

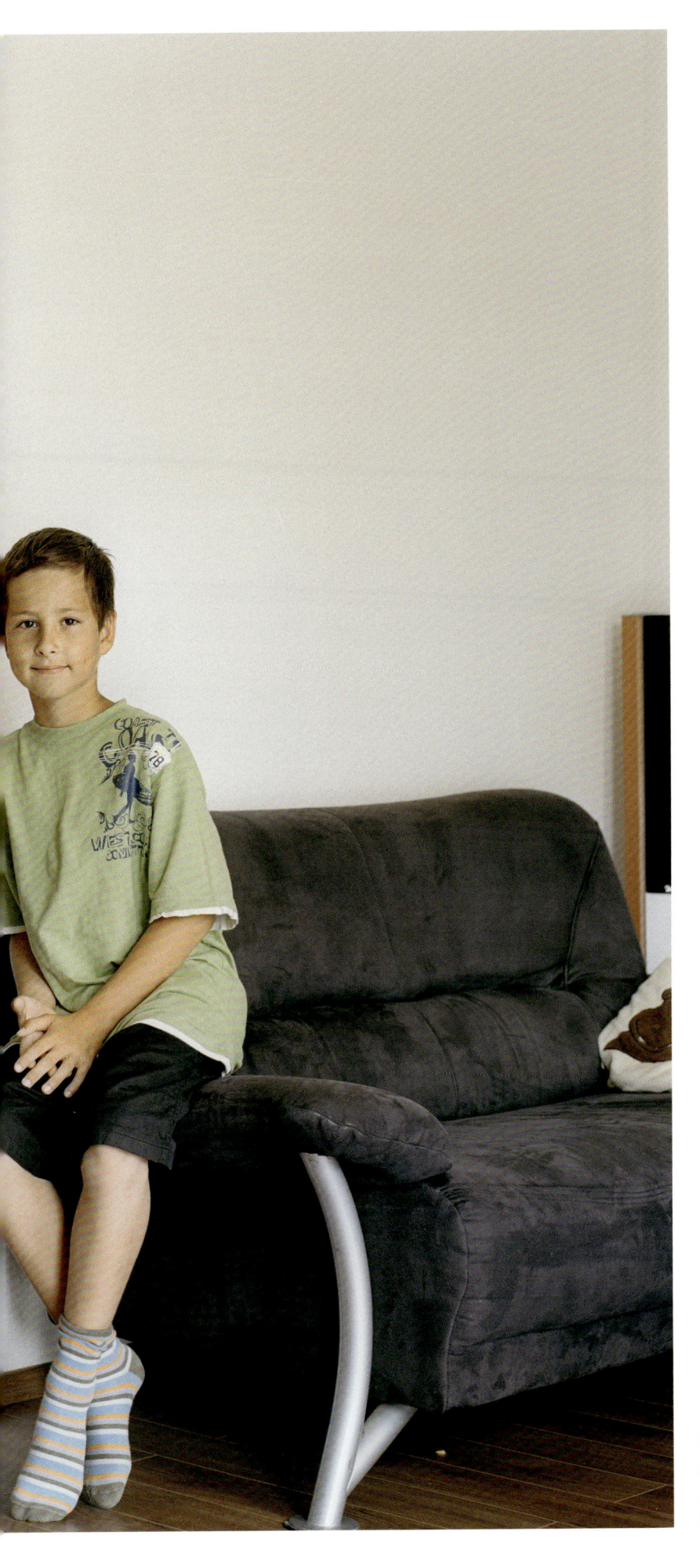

Björn H., 33, Zerspanungstechniker
Jasmina H., 44, Hausfrau
Dennis, 10, Schüler
Finn Niklas, 2

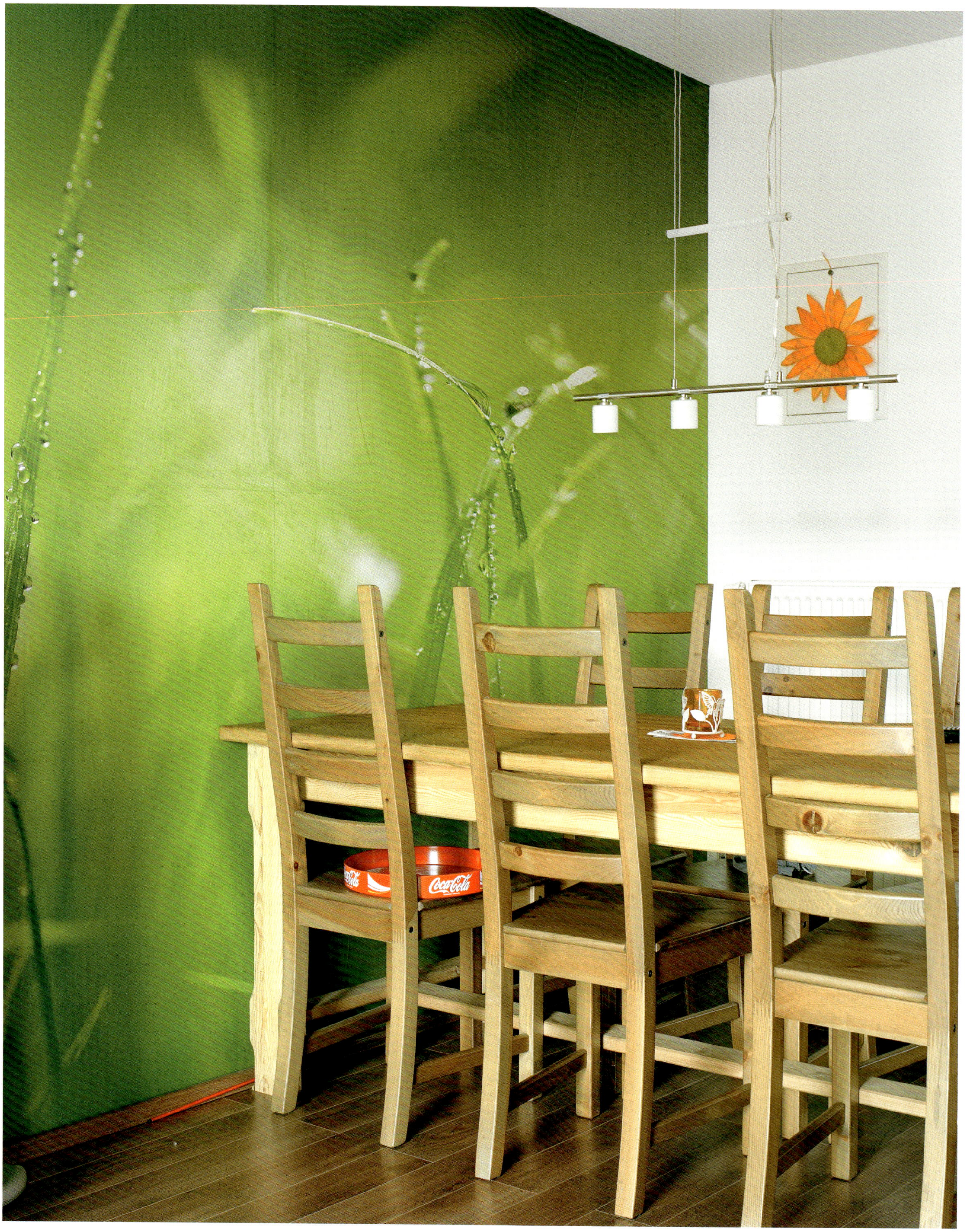
Coca-Cola

Wenn Björn H. nicht im Garten arbeitet, absolviert er einen seiner wöchentlichen Jogging-Ausflüge. Über 17 Kilometer führt ihn sein individueller Drei-Brücken-Lauf via Theodor-Heuss-Brücke, Eisenbahnbrücke Mainz-Süd sowie Kostheimer Main-Brücke.

Inzwischen hat die Familie ihre Umgebung nicht nur sportlich erschlossen, sondern empfindet auch ihr Zuhause wie einen Urlaubsort. Nachdem die Bau-Neulinge jeden Tag den Fortgang des Baus beobachteten, widmeten sie sich sofort nach dem Einzug ihrem Garten. Der wurde nicht nur mit Blühpflanzen, sondern auch ganz nutzbringend angelegt. Heute wachsen dort duftende Sommertomaten – für Abendbrote mit Urlaubsstimmung.

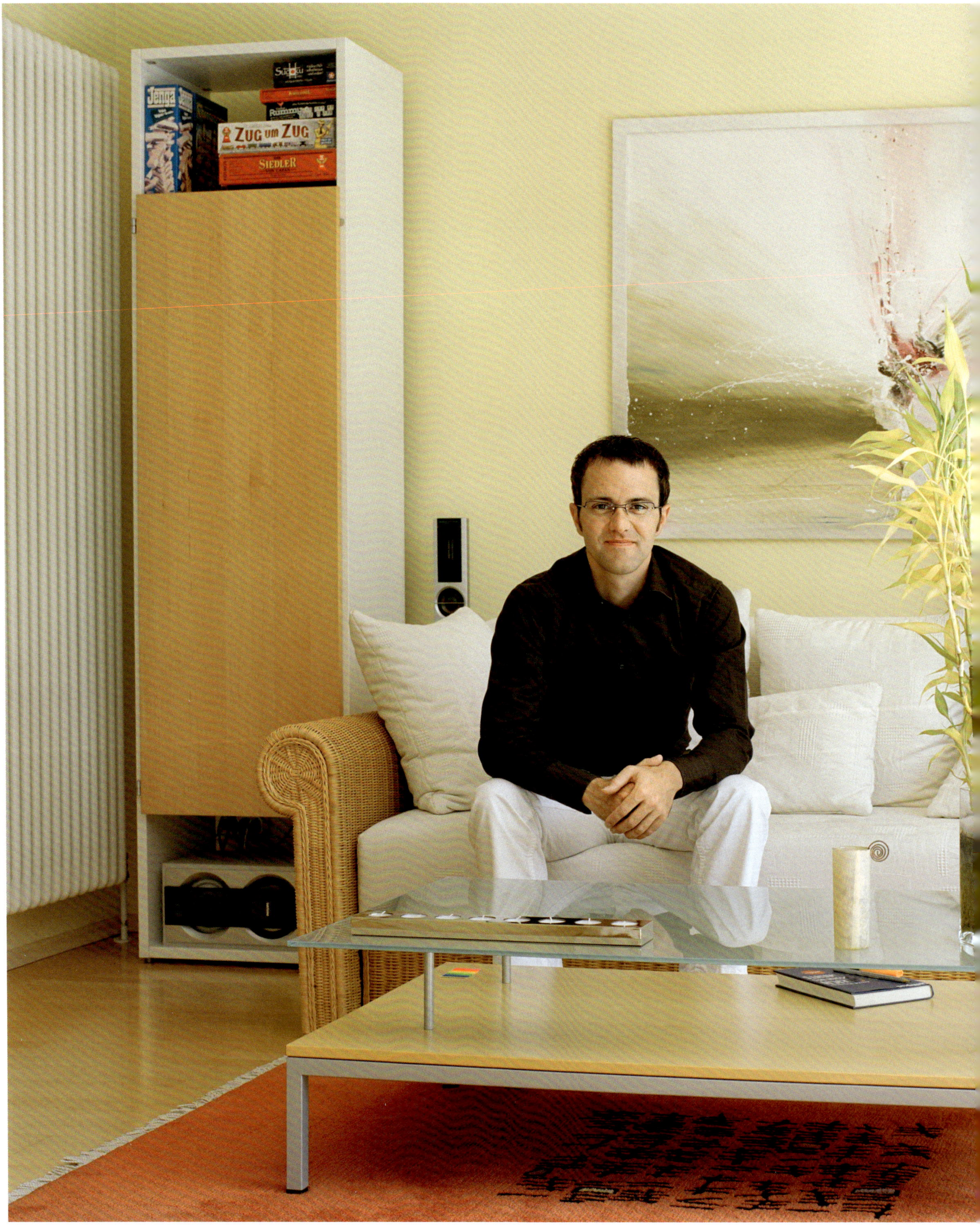
Jenga
ZUG UM ZUG
SIEDLER

Daniel A., 34, Wirtschaftsingenieur

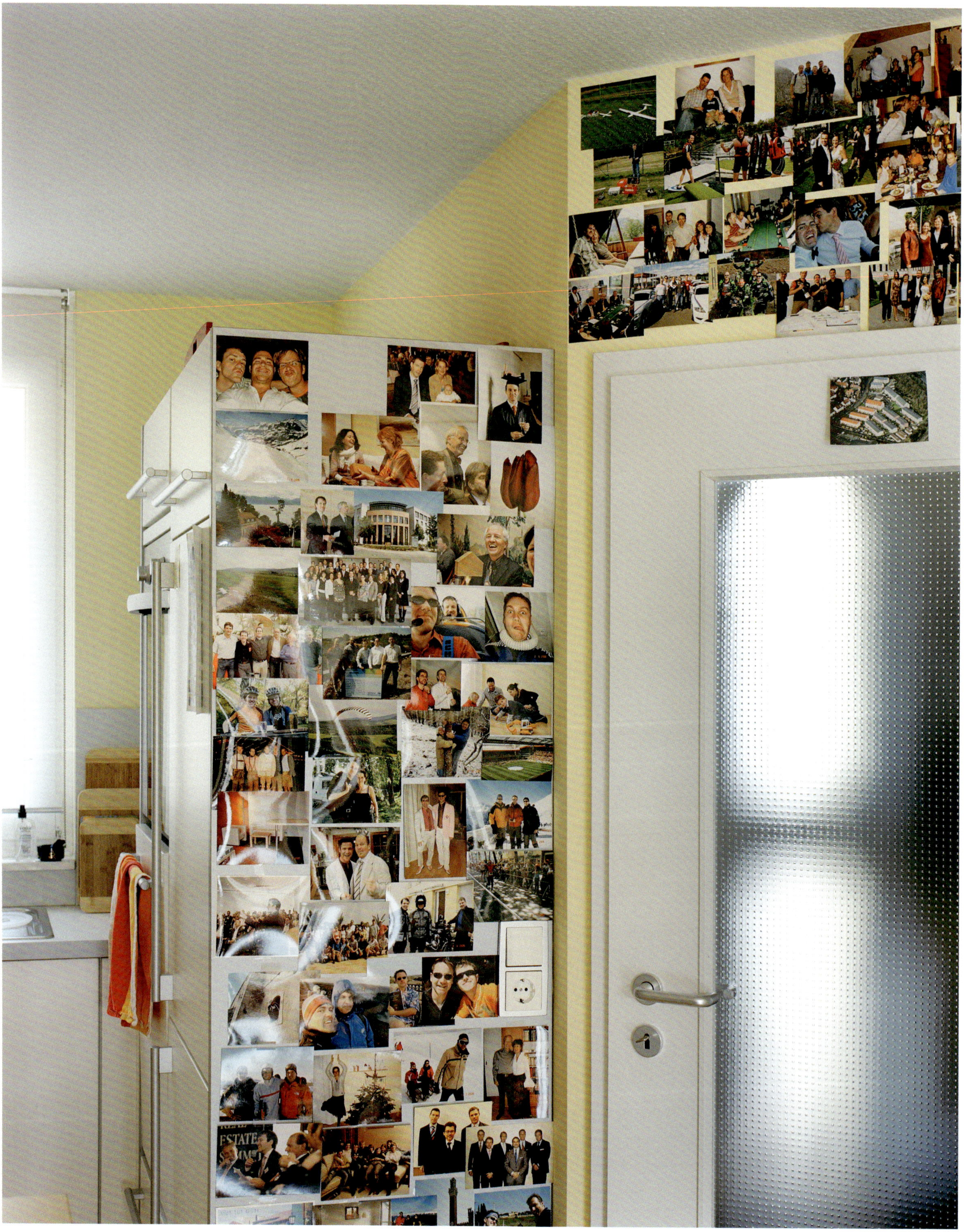

„Sechs Jahre lebe ich schon in meinem Reihenhaus – so lange habe ich vorher noch nie an einer einzigen Stelle gewohnt. Es ist meine Privatsphäre, die ich für den Rückzug vom Arbeitstag brauche. Schön, dass niemand über mir wohnt. Das hat mich früher bei einer Wohnung immer gestört. Und die Nachbarn nebenan sind zu Freunden geworden."

In der Küche wächst stetig eine Wand aus Bildern des Junggesellen mit Freunden und Familie. „Verbindungen zu Menschen – das ist es, was dem Leben seinen Wert gibt", bilanziert Daniel A. seine vorigen Lebensstationen in Karlsruhe, München und Kanada.

Daniela K., 40, Kinderpflegerin im
kommunalen Kindergarten
Hans-Jürgen K., 45, Qualitätstechniker
in einem Bremsenwerk
Alexander, 17, Schüler
Bastian, 14, Schüler

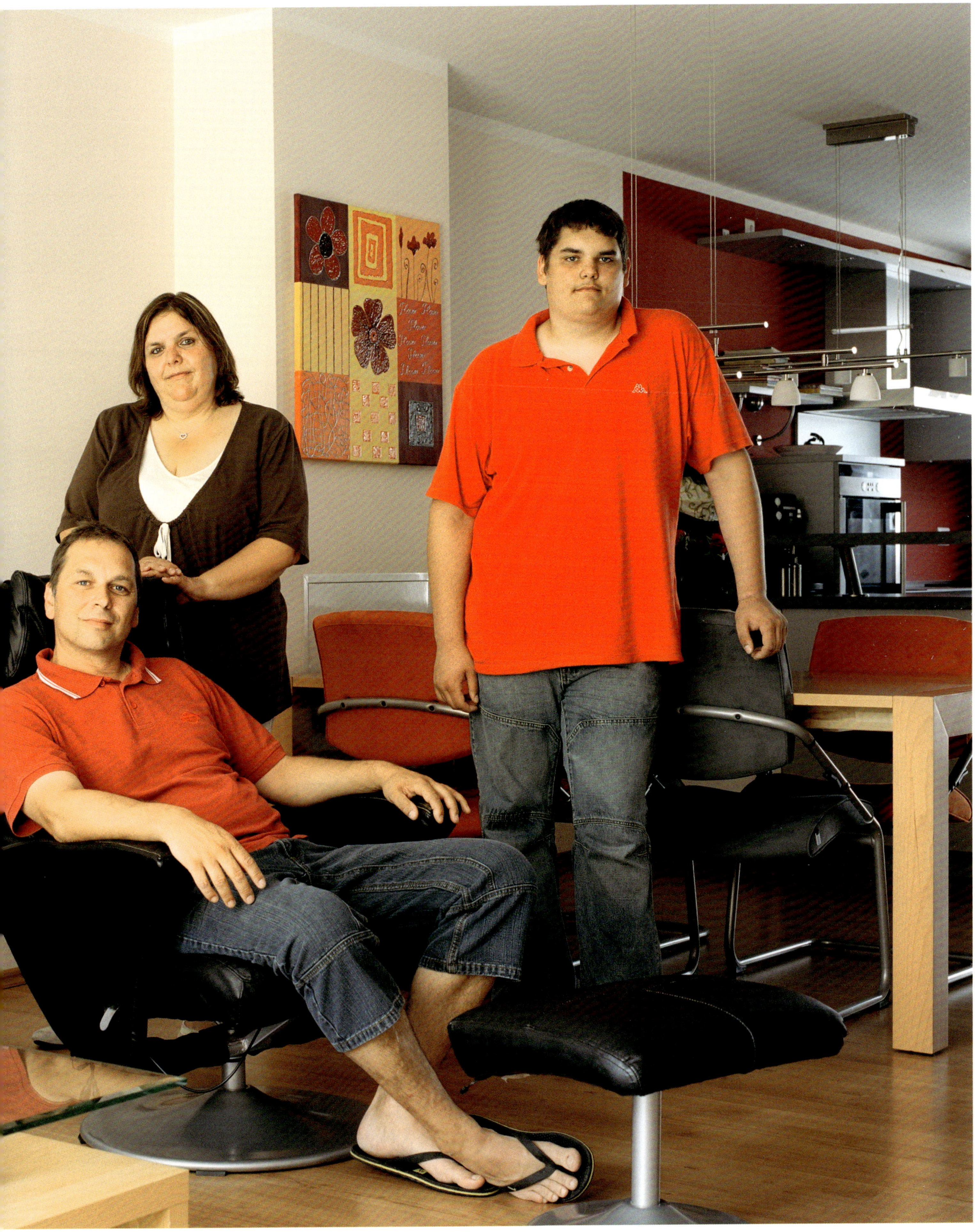

„Wir sind sehr kommunikativ, bei uns ist immer etwas los", erzählt Hans-Jürgen K. „Am Sonntag feiern wir eine Garten-EM-Party – da kommen alle Nachbarn." Er zeigt auf den kurz geschnittenen Rasen und die wenigen Blumen.

„Wir sind keine Gartenmenschen, wir haben noch nicht mal einen grünen Daumen", ergänzt seine Frau Daniela lachend. „Bei uns gehört die Freizeit dem Baseball. Das hat mein kleiner Sohn Bastian einmal angeregt, inzwischen spielen alle – außer mir", gesteht die 40-jährige Kinderpflegerin. „Dafür koche ich für meine Mannschaft. Ich mag amerikanische Küchen. Sie sind großzügig. Wenn Freunde kommen, stehen sie hier, sodass ich direkt mit ihnen reden kann."

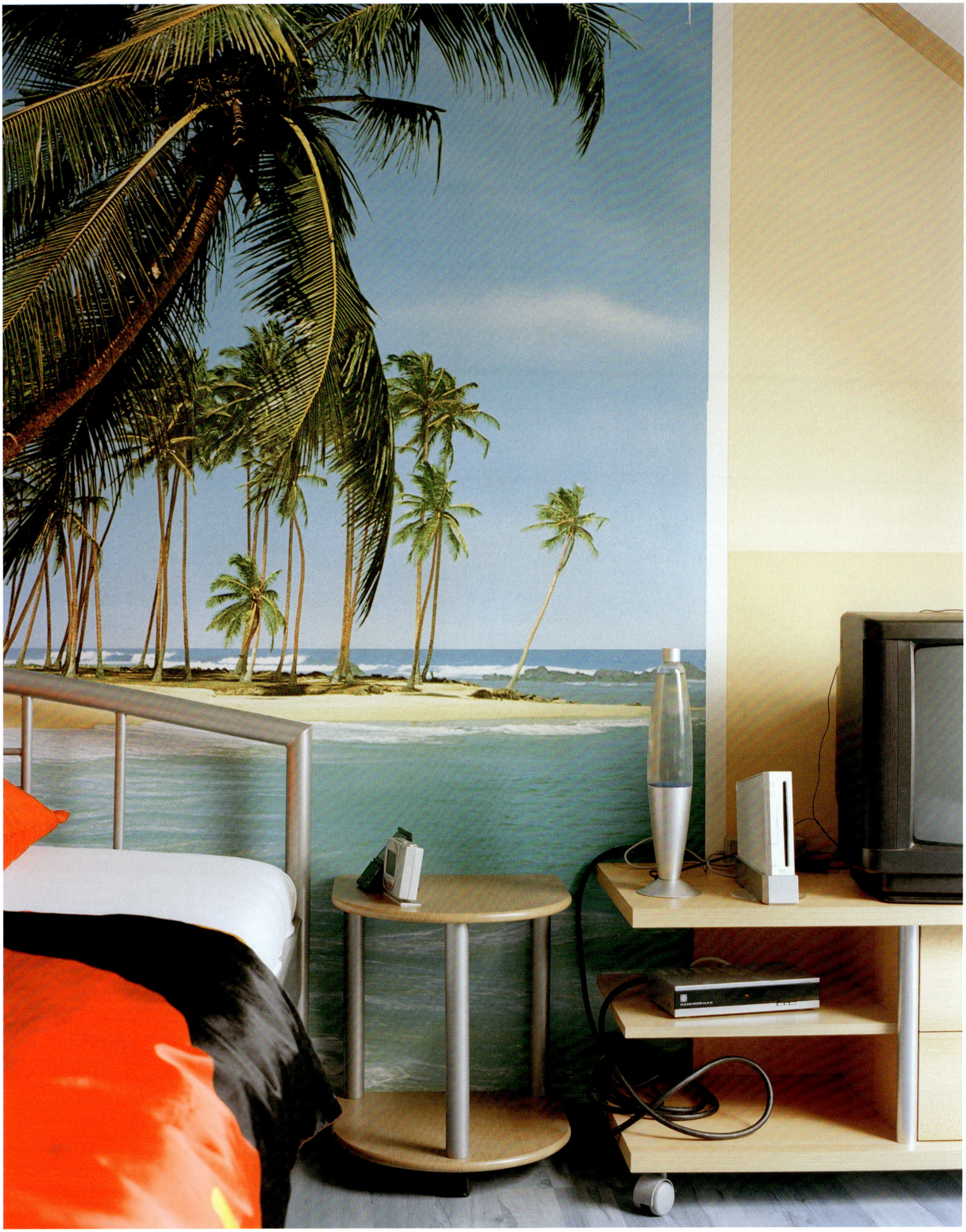

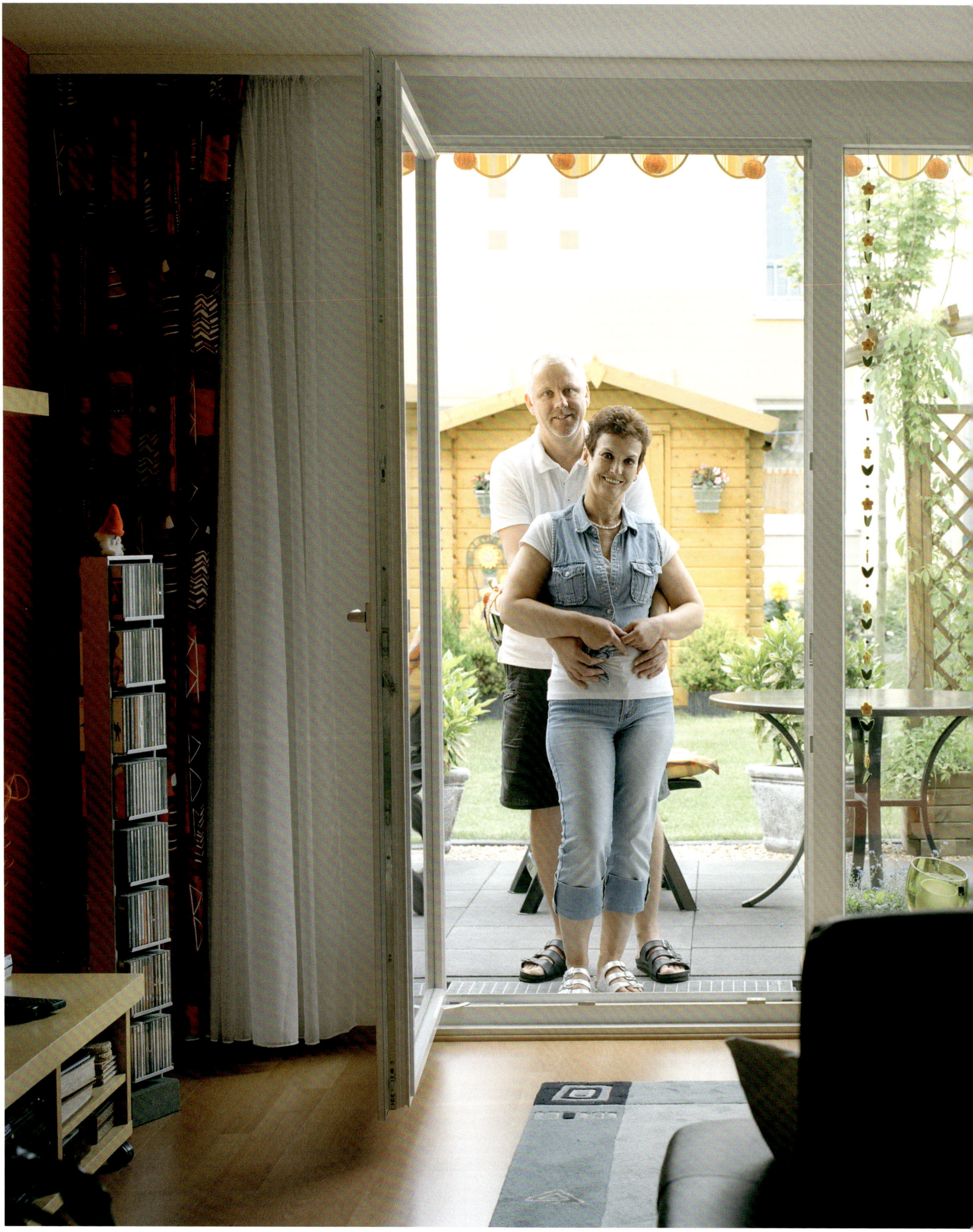

Jutta I., 52, Verkäuferin, Beraterin
Jürgen I., 58, Berufssoldat

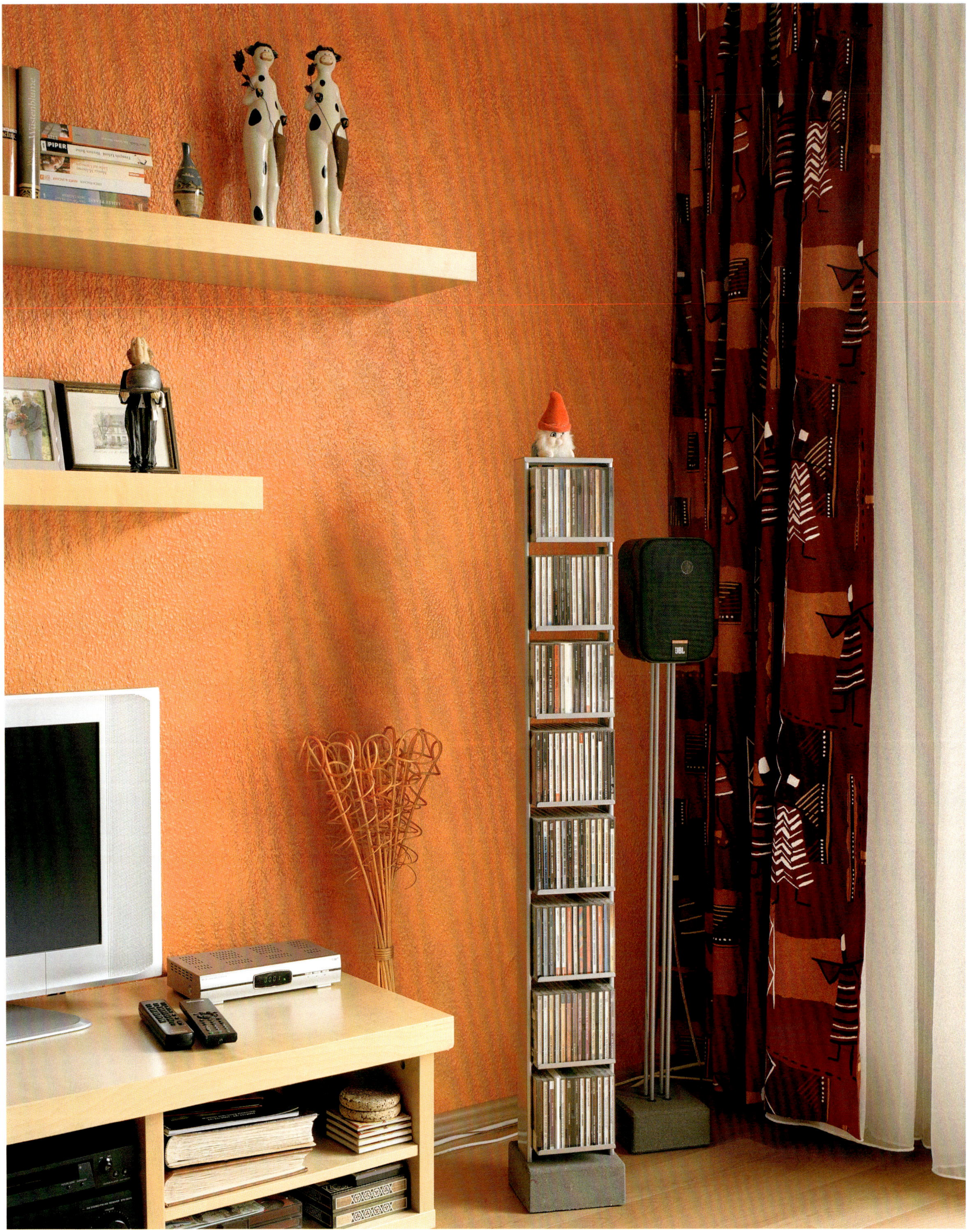

Inzwischen hat sie rund 200 Reihenhäuser verkauft und lebt aus Überzeugung selbst in einem Haus mit 81 Quadratmetern Wohnfläche. „Am Anfang kam mir die Situation vor wie im Ferienhaus", erzählt Jutta I. Eine moderne Einrichtung gehört für sie und ihren Mann Jürgen zum Wohnkonzept. „Wir mögen Leichtigkeit und frische Farben."

Auch Jutta I.s Kundenstamm wächst. „Früher wurde alles ins Haus investiert. Heute suchen die Leute schlankere Formen, um weiterhin Urlaub machen zu können und den Lebensstandard zu heben." Und noch etwas fällt ihr auf: „Frauen suchen die Häuser aus. Männer schauen auf die technischen Details, aber die Frau trifft die letzte Entscheidung."

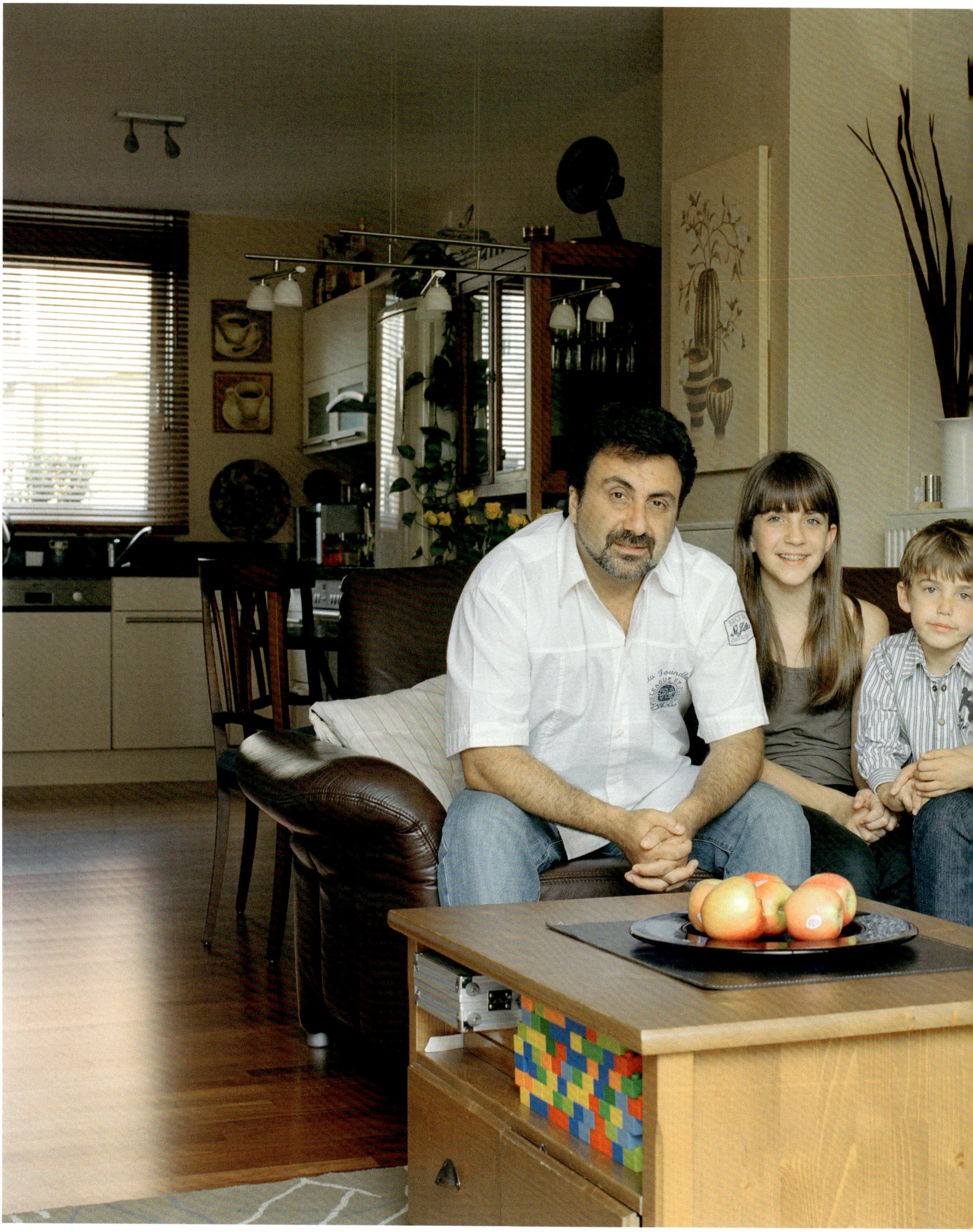

Inga G., 40, Islamwissenschaftlerin
Tuncer G., 40, Hotel-Concierge
Izel, 11, Schülerin
Can, 6, Schüler

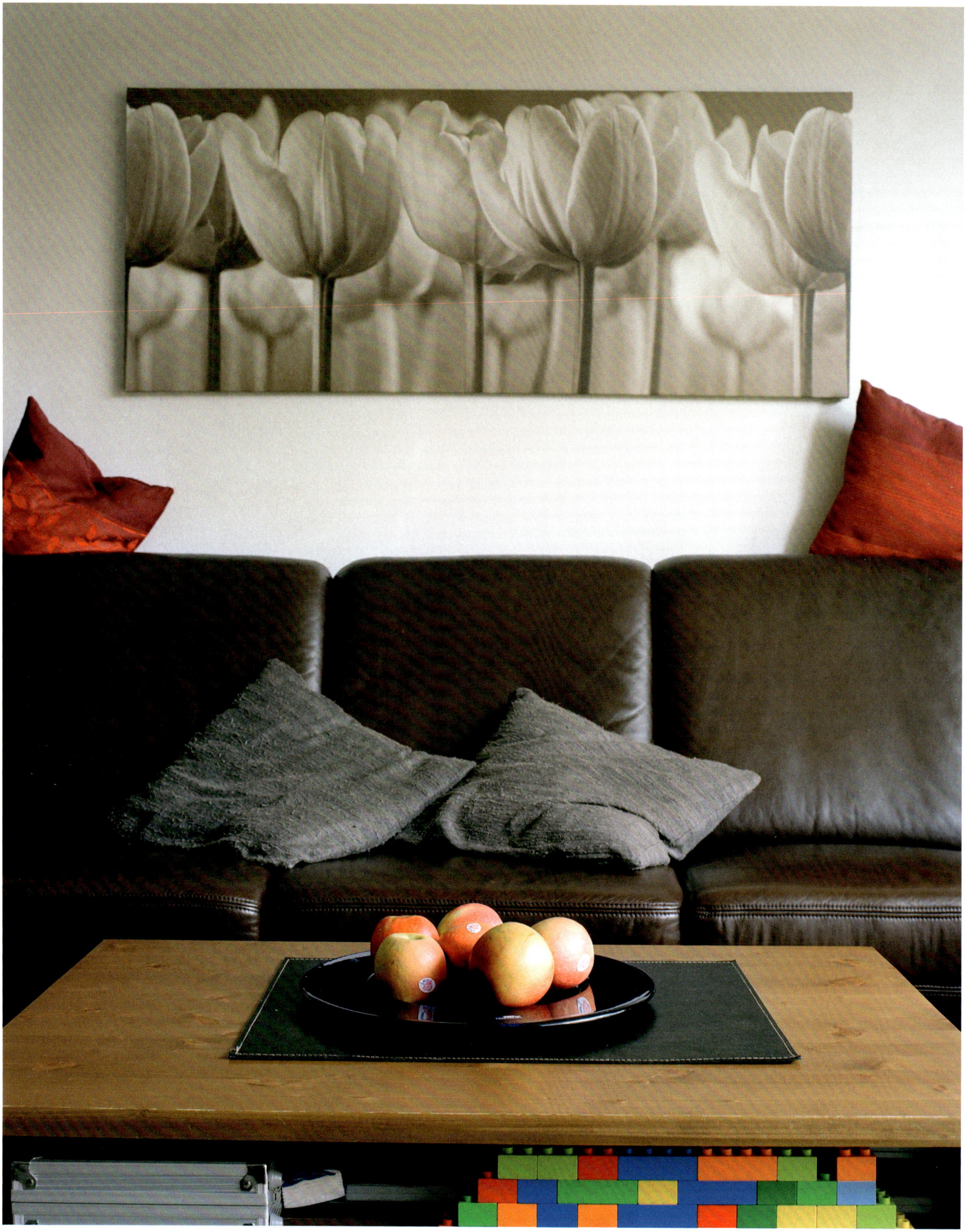

„Dieses Haus ist wie ein kleines, heiles Haus aus einem Roman",
sagt Tuncer G. „Meine Frau Inga beobachtet aus dem Fenster,
wie die Kinder zur Schule gehen, und sieht sie zurückkommen.
Ein Mensch braucht dieses Gefühl von Sicherheit. Seine eigenen
vier Wände, in denen er ganz bei sich ist."

Ihr Domizil in Bonn-Tannenbusch verlassen die G.s einmal im
Jahr, um zu ihrem Ferienhaus zu fahren. Einem Landhaus auf
einer Insel bei Istanbul. „Ein bisschen traurig bin ich über die
anstehende Tomatenernte hier", sagt Inga, „die werden wir wohl
verpassen. Meine Eltern fragen uns inzwischen schon: ‚Wieso
fahrt ihr noch in den Urlaub? Ihr habt doch alles hier!'"

186　In deutschen Reihenhäusern | Kaiserslautern

Irene B., 29, Kauffrau für Bürokommunikation
Andreas E., 31, Lebensmittelverkäufer
Michelle, 8, Schülerin
Elina, 5

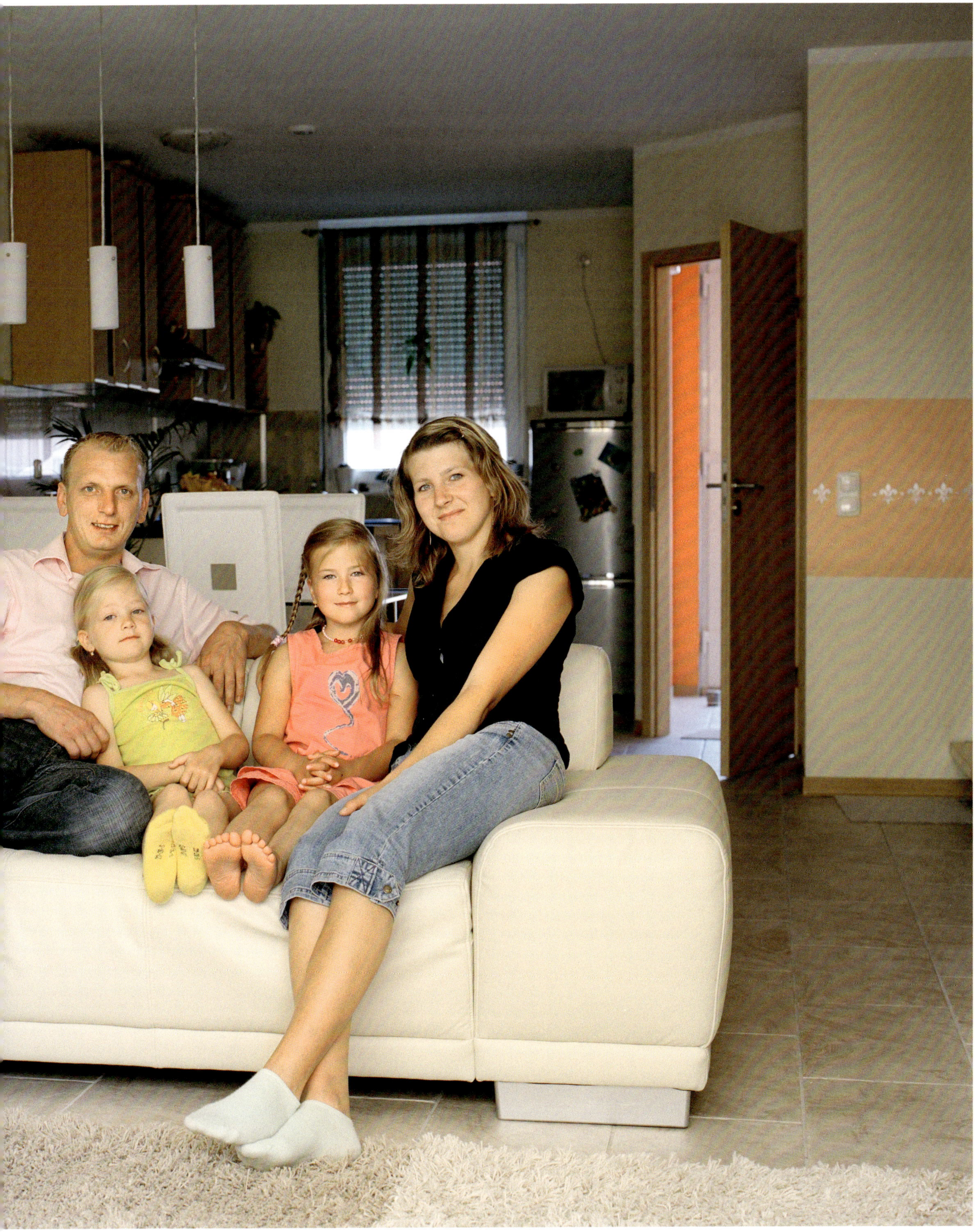

„Wir wohnten früher in einem Viertel, in dem wir den Altersdurchschnitt schlagartig angehoben haben. Heute leben wir neben jungen Familien – Gott sei Dank!" Irene B. verabschiedet einen Nachbarn, der ihr geholfen hat, den Gartengrill abzubauen. Während ihr Mann, Andreas E., am Fuße des kleinen Hügels im Supermarkt arbeitet, hat sich die aus der Kirgisischen Republik stammende 29-Jährige mit der Nachbarschaft solidarisiert. „Wir treffen uns, essen zusammen. Dann haben die Frauen Unterhaltung und die Männer auch."

Ihre zwei Töchter, Michelle und Elina, gehen gemeinsam in den Tanzclub Rot-Weiß und machen sich auf den Weg, die Nachbarskinder zu treffen. „Ängstlich muss ich hier nicht sein, wenn die Kinder rausgehen", sagt Irene B. und fragt beiläufig: „Wo geht ihr hin?" Michelle macht ein geheimnisvolles Gesicht: „Früchte sammeln – aber wo, das verrate ich nicht."

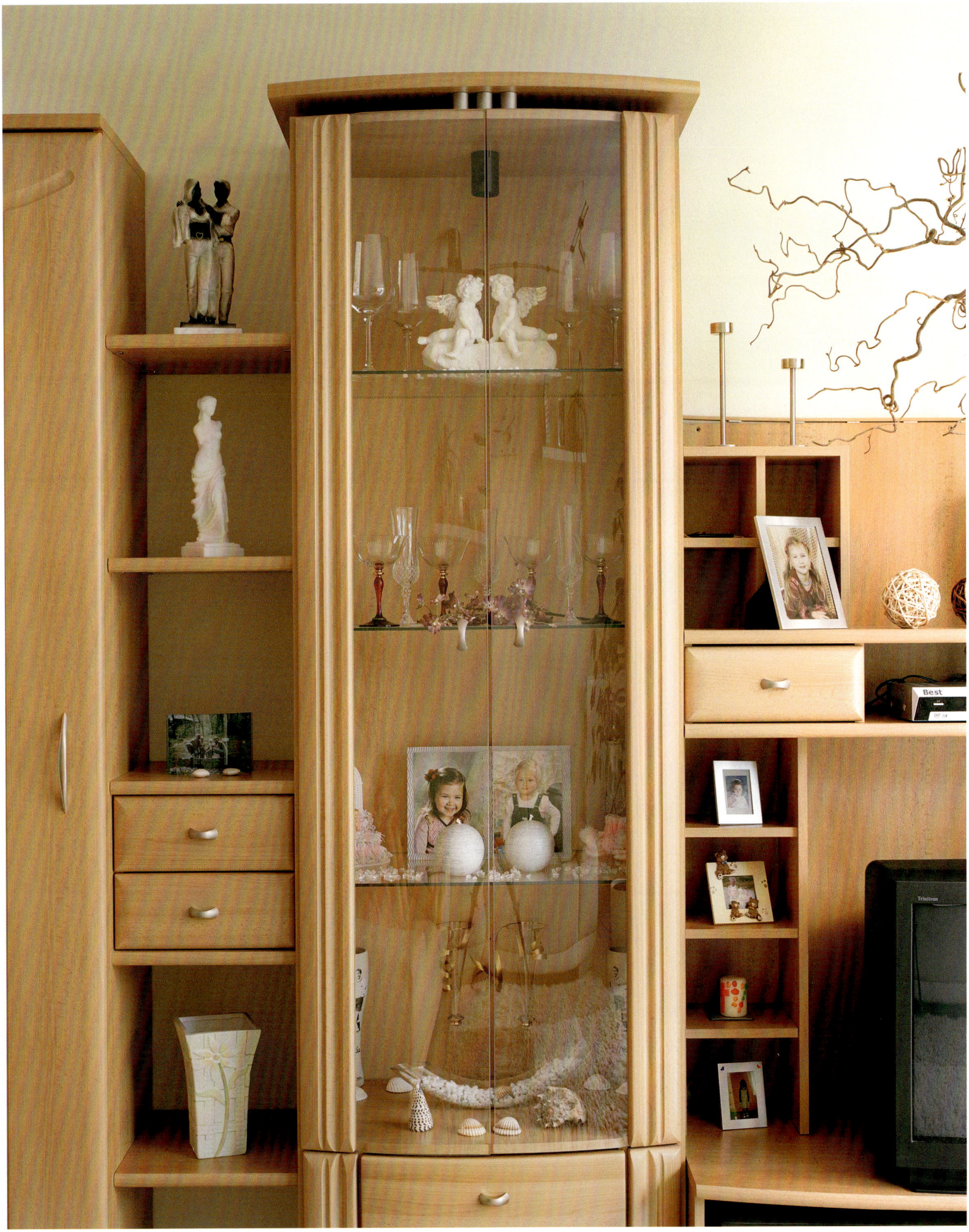

190   In deutschen Reihenhäusern | Speyer

Sabrina M., 27, Bankangestellte
Amel M., 30, Bankangestellter
Melisa, 2
Lina-Anesa, 6 Monate

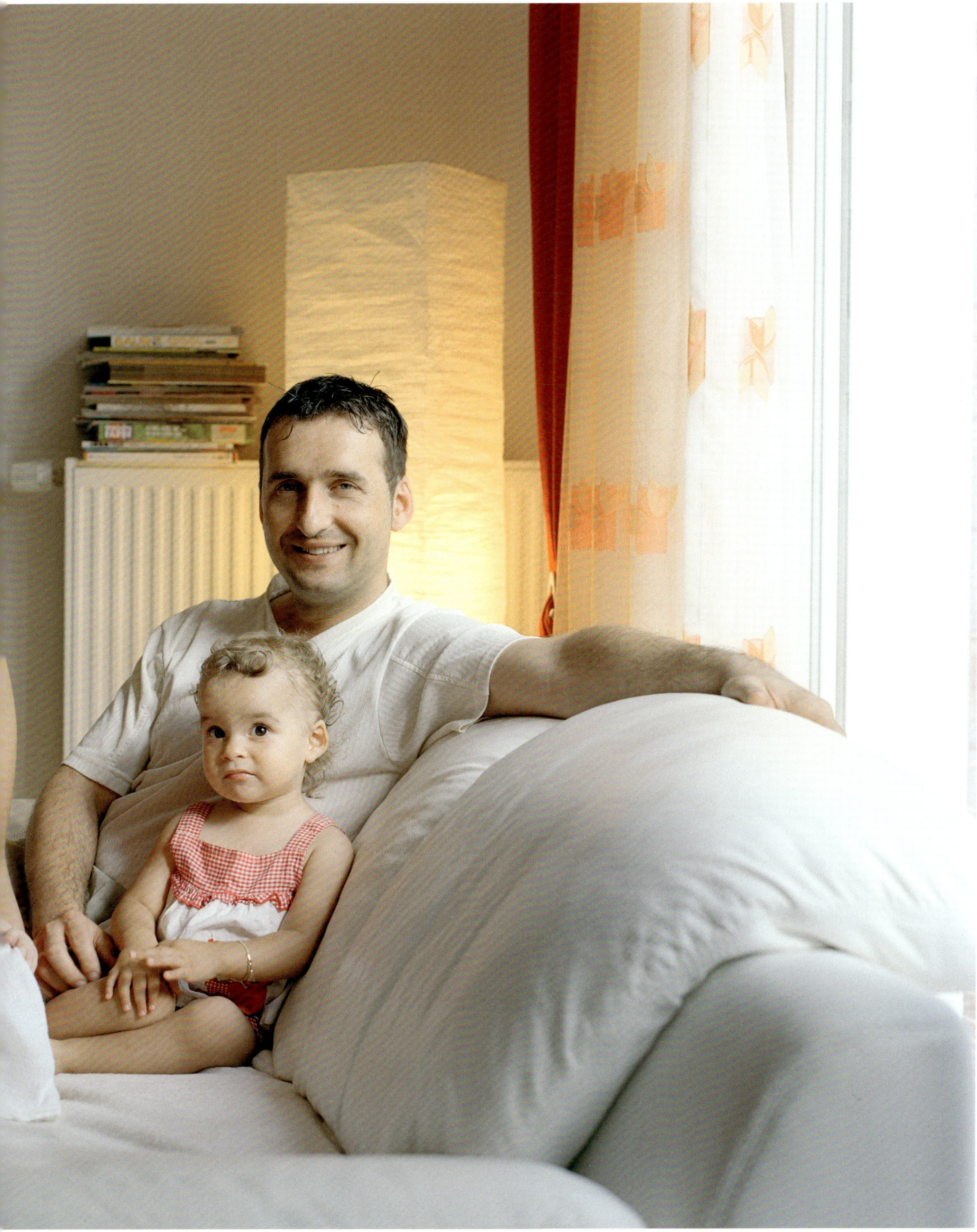

„Ich hatte zuerst Bedenken, im Reihenhaus zu leben. Die Vorgärten haben alle die gleiche Größe und sehen alle identisch aus. Das Klischeehafte war es, was mich störte. Heute denke ich: Das Klischee ist nur in den Köpfen. Es kommt drauf an, was man aus dem Reihenhaus macht", sagt Sabrina M., 27, nimmt ihre kleine Tochter Lina-Anesa auf den Arm und geht in den Garten. „Mein Hobby sind derzeit unsere zwei Kinder. Und ich tanze gerne, das ist mein Temperament. Die Familie meines Vaters stammt aus Puerto Rico. Meine kleine Tochter liebt Salsa – und unseren Garten. Wir kommen wegen der Kinder nicht viel weg, aber haben oft Besuch und feiern gerne draußen. Wir stecken viel in die Wohnung – ein schönes Zuhause ist uns wichtig. Heute denke ich: Wir werden ewig hierbleiben."

Speyer | In deutschen Reihenhäusern 193

194　In deutschen Reihenhäusern | Bonn

Uwe W., 50, Bonner Verkehrsbetriebe
Brigitte W., 43, Hausfrau
Iris, 20, Auszubildende (nicht abgebildet)
Andreas, 18, Schüler (nicht abgebildet)

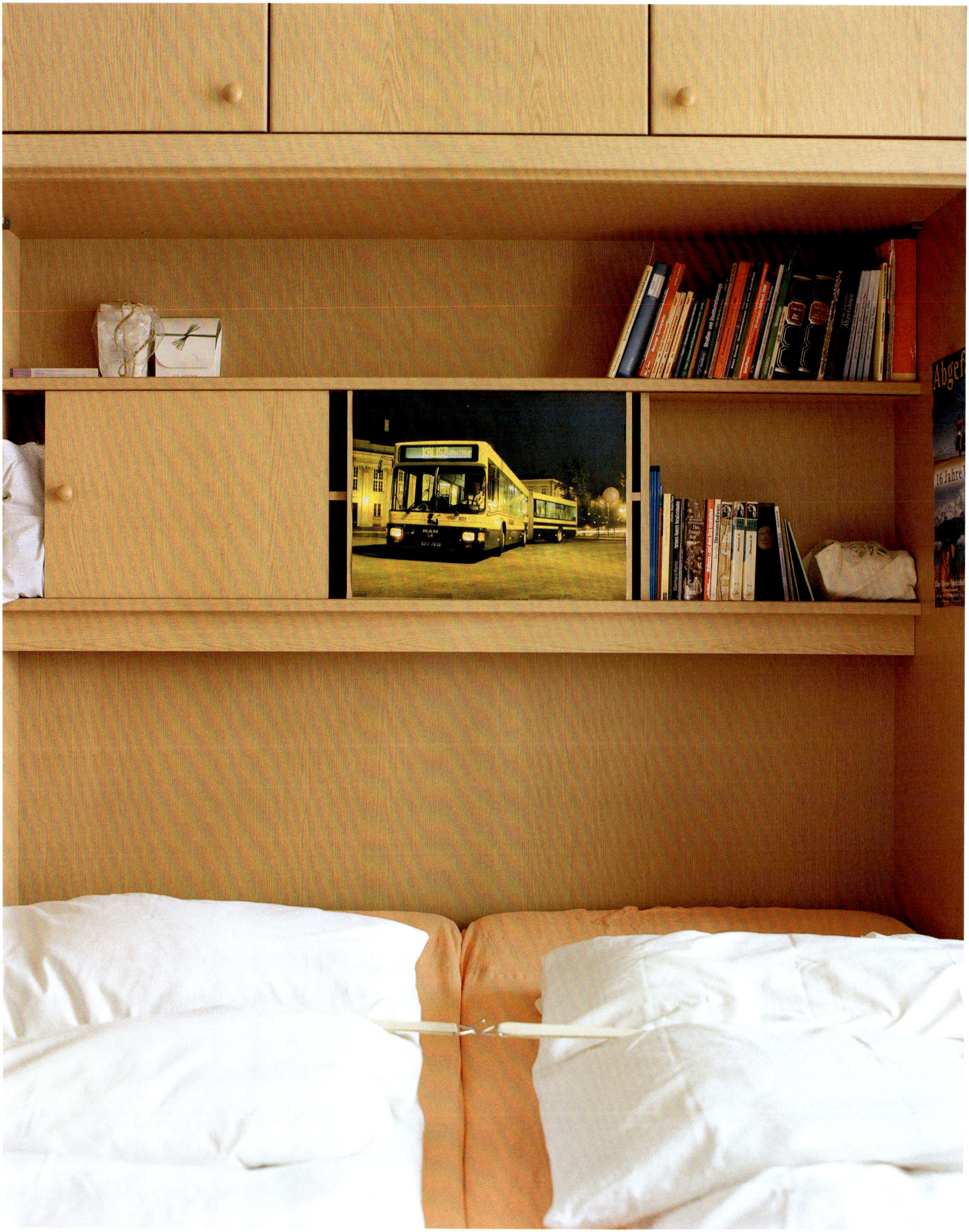

Im Garten surrt es. Kein Bienenschwarm, sondern eine Garten-Eisenbahn mit Oberleitung, die am akkurat gemähten Rasen entlangzuckelt. Die Passion von Uwe W. sind Schienenwege. Seit fast 30 Jahren fährt der 50-jährige Profi für die Bonner Verkehrsbetriebe. Erst lenkte er Straßenbahnen, dann stieg er auf Busse um – „man muss schließlich mal wechseln". Auf einer seiner Fahrten mit der Linie 620, Richtung Bonn-Tannenbusch, entdeckte er sein neues Domizil.

Hier lebt er mit Frau Brigitte und den Kindern Andreas und Iris. Teilen müssen sich die W.s den Platz mit den betagten Katzen Sandy und Trixie sowie Hund Spike, der mit seinem Überbiss unfreiwillig zu grinsen scheint.

Eng? „Im Gegenteil, jeder hat seinen Platz", sagt Uwe W., dessen Märklin-Sammlung akkurat in Wandvitrinen steht und der inzwischen vom Gartenhasser zum Gartenliebhaber bekehrt ist. Dank seiner Bahn, die unermüdlich über die Wiese schnauft.

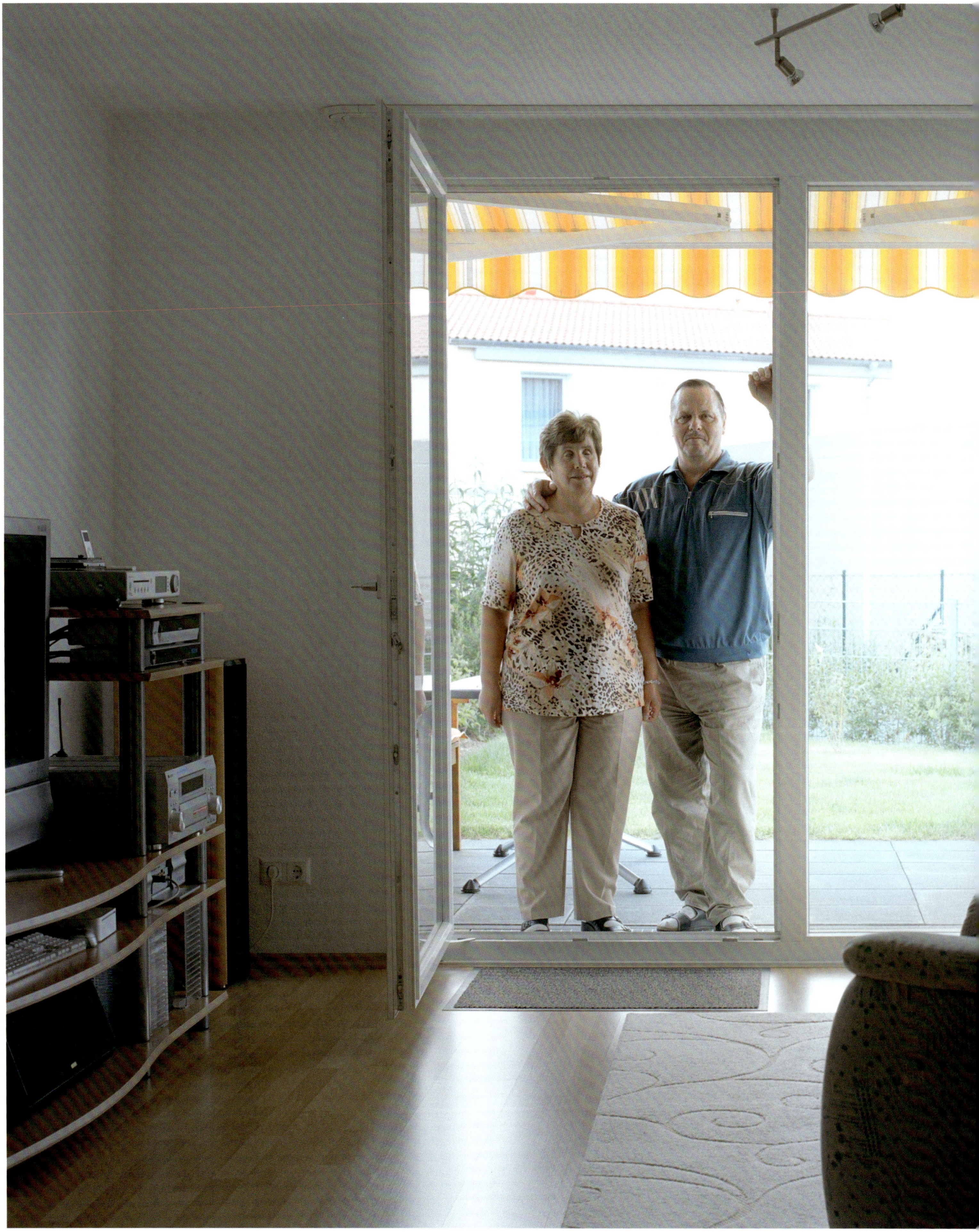

Norbert L., 59, pensionierter Masseur
und Bademeister
Ruth L., 59, Hausfrau

200 In deutschen Reihenhäusern | Bonn

„Meine Praxis als Masseur und Bademeister habe ich nach der dritten Stufe der Gesundheitsreform aufgegeben. Es lohnte sich nicht mehr", erzählt Norbert L. Danach begann für den 59-Jährigen und seine Frau Ruth eine neue Lebensreise. „Wir haben früher mit unseren drei Kindern ein Haus bei Frankfurt (Oder) bewohnt. Als sie aus dem Haus waren, wollten wir etwas Kleines, Praktisches beziehen", sagt Ruth L. Wichtig war dem Paar, dass ihr neues Heim gut angebunden ist. „Wir brauchen kein Auto mehr, die Verkehrsmittel sind direkt vor der Tür." Reisten sie früher nach Kuba, Spanien und in die Türkei, zieht es sie heute in den Harz. Den Sand aus Kuba wollte Frau L. jedoch nicht wegwerfen: „Ich bewahre ihn in einem Schraubglas, unten im Schrank."

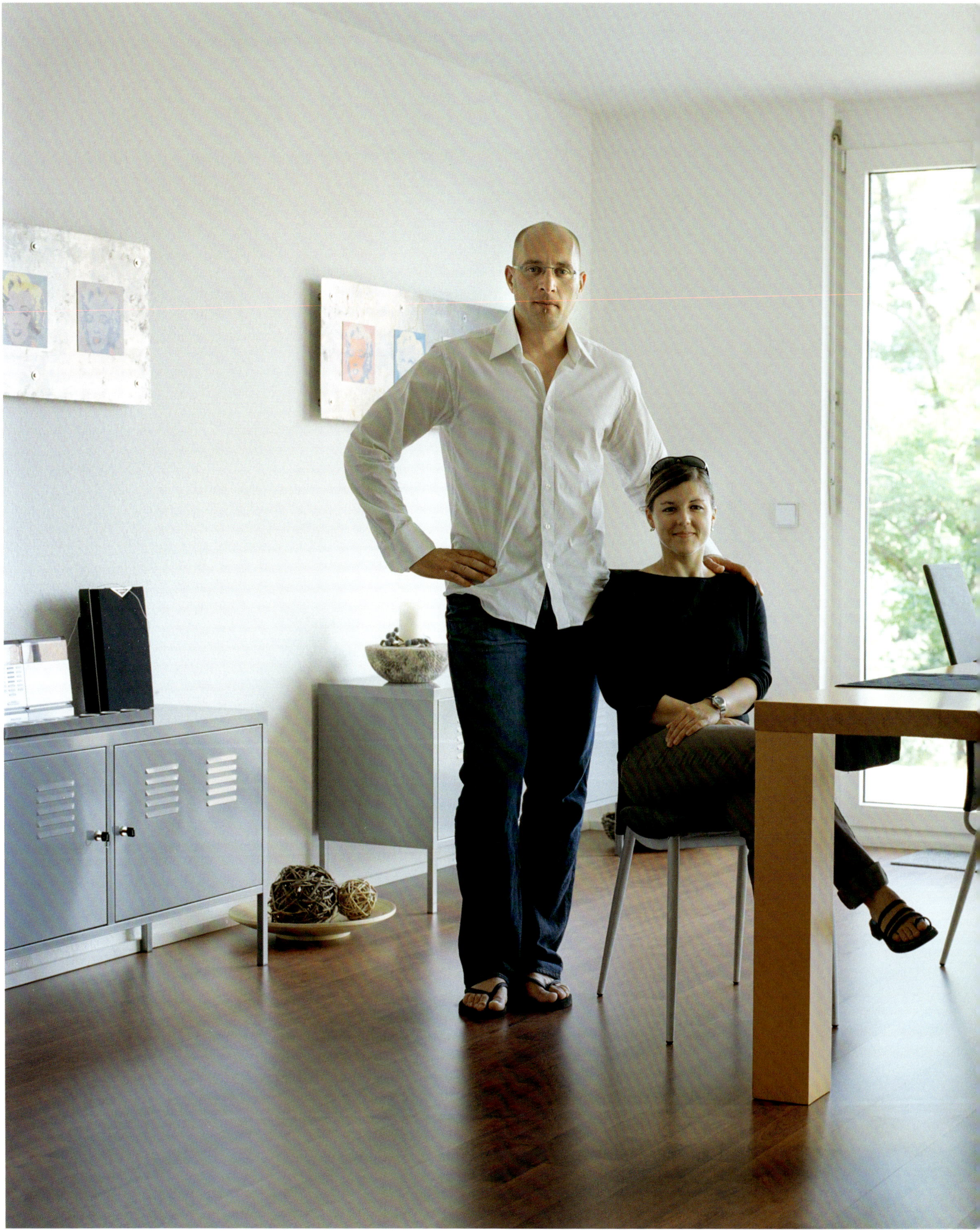

Carsten R., 38, Architekt und ehemaliger
American-Football-Profi
Barbara B., 28, Physiotherapeutin mit eigener Praxis

Majestic
TRINK
Coca-Cola
köstlich-kühl
TRINK
Coca-Cola
köstlich-kühl

„Ich bin ein Teamarbeiter – schon immer. Ich war früher American Footballer beim Bundesliga-Club in Rüsselsheim. Damals bin ich nur fürs Benzingeld angetreten. Geld ist nicht allein, worum es sich zu kämpfen lohnt. Eher für meine Freunde und meine Familie und um gemeinsam etwas zu bewegen.

Während meines Studiums haben wir noch Mehrgenerationen-Häuser gebaut. Aber der Generationenvertrag ist nicht so recht aufgegangen. Man wohnt nicht gern zusammen, sondern besucht sich lieber. Das sehen wir auch bei unseren Nachbarn. Sie leben mit ihren erwachsenen Kindern lieber Tür an Tür und helfen später aus – als Babysitter."

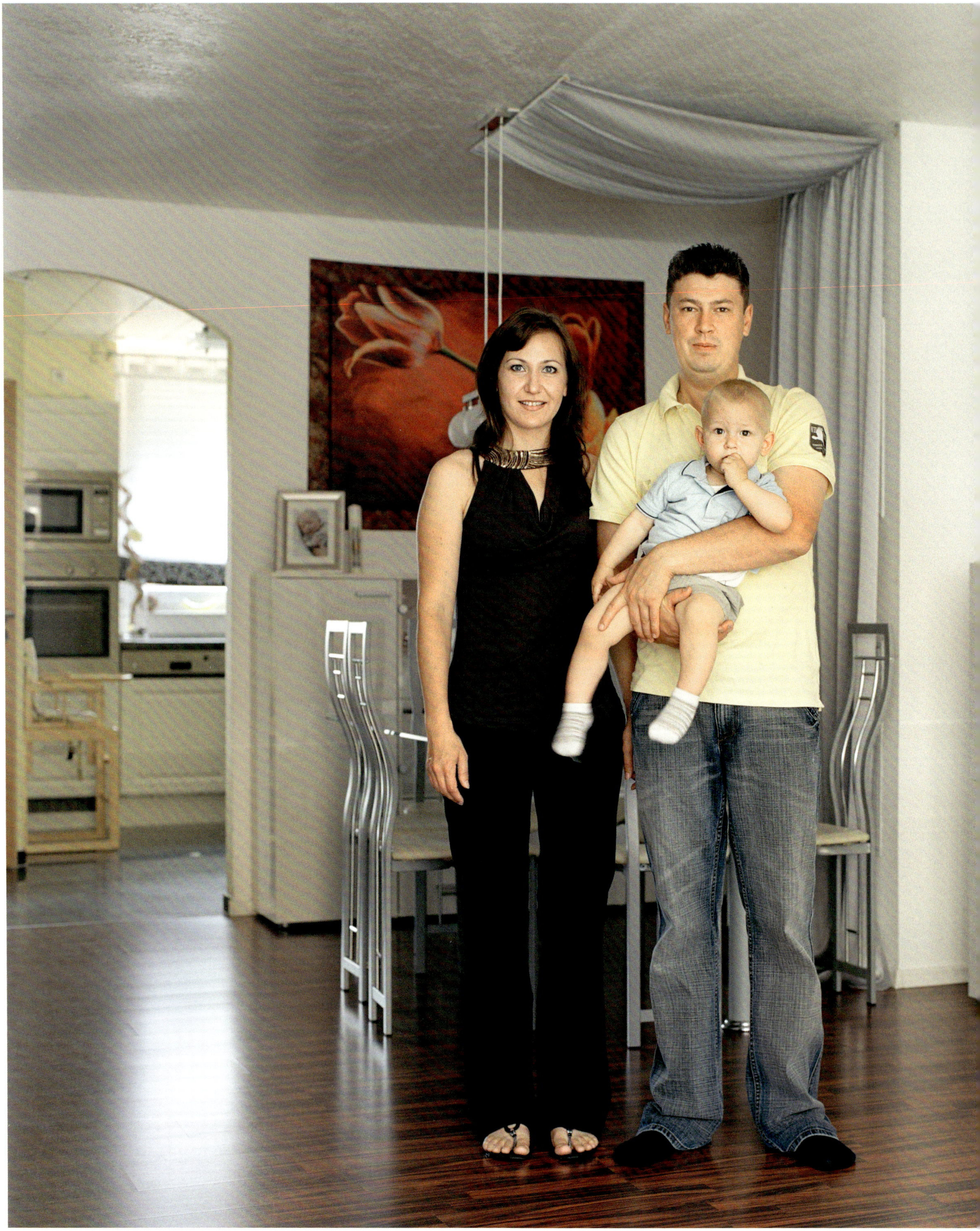

Irina A., 31, Zahnarzthelferin
Sergej A., 30, Fliesenleger
Vanessa, 5 (nicht abgebildet)
Dustin, 1

208 In deutschen Reihenhäusern | Kaiserslautern

„In Russland gab es ja nicht so viel", erzählt Irina A., „da habe ich schon als Kind Häuser aus Karton gebaut und den Puppen Kleider genäht." Die 31-jährige Zahnarzthelferin führt in das Zimmer ihrer Tochter Vanessa. Über die Decke flattern Schmetterlinge und zwischen den Fenstern winkt lebensgroß Dornröschen als Wandbild. „Ein bisschen Träumen muss man doch", sagt die aus Tadschikistan stammende Russin. Ihr eigener Lebenstraum? „Wir wollten schon immer ein Haus besitzen", erklärt sie, „ein Einzelhaus sollte es nicht sein, denn ich habe Angst allein. Mein Mann ist oft unterwegs, er arbeitet viel und ich bin stolz auf ihn." Sie öffnet die Tür zum Bad. „Das hat er selbst gemacht, für uns und unsere Kinder. Das ist unser kleiner Traum."

210 In deutschen Reihenhäusern | Frankfurt am Main

Martin W., 48, Maschinenbauingenieur
Ulrike T.-W., 45, Sachbearbeiterin
Tristan, 14, Schüler
Aida, 9, Schülerin
Elias, 1 (nicht abgebildet)

Frankfurt am Main | In deutschen Reihenhäusern

Opern- und Musikliebhaber horchen auf: Tristan, Aida und Elias – haben Martin und Ulrike T.-W. ihre Kinder nach den Werken großer Komponisten von Verdi bis Wagner benannt? Obgleich Tristan das Keyboard bedient und Aida gerne Blockflöte spielt, schütteln die Eltern lachend den Kopf. Tristan wurde nicht nach der gleichnamigen Sage oder Wagners Oper, sondern nach einer britischen Fernsehserie aus den 1980er Jahren benannt. Musik lieben die Eltern übrigens auch in Kombination mit Bewegung. Sie besuchen regelmäßig einen Tanzkurs: „Das ist unser Freiraum ohne Kinder."

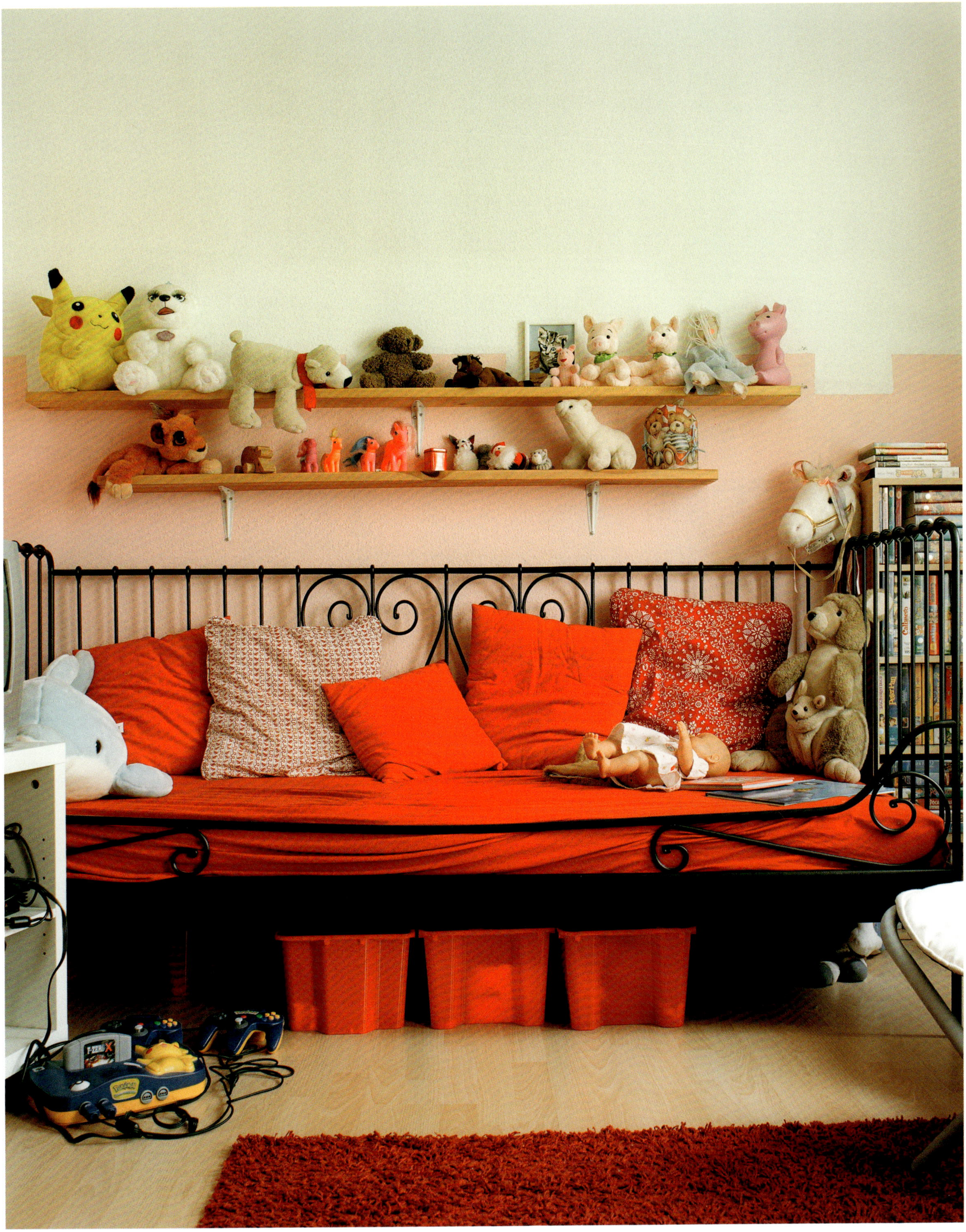

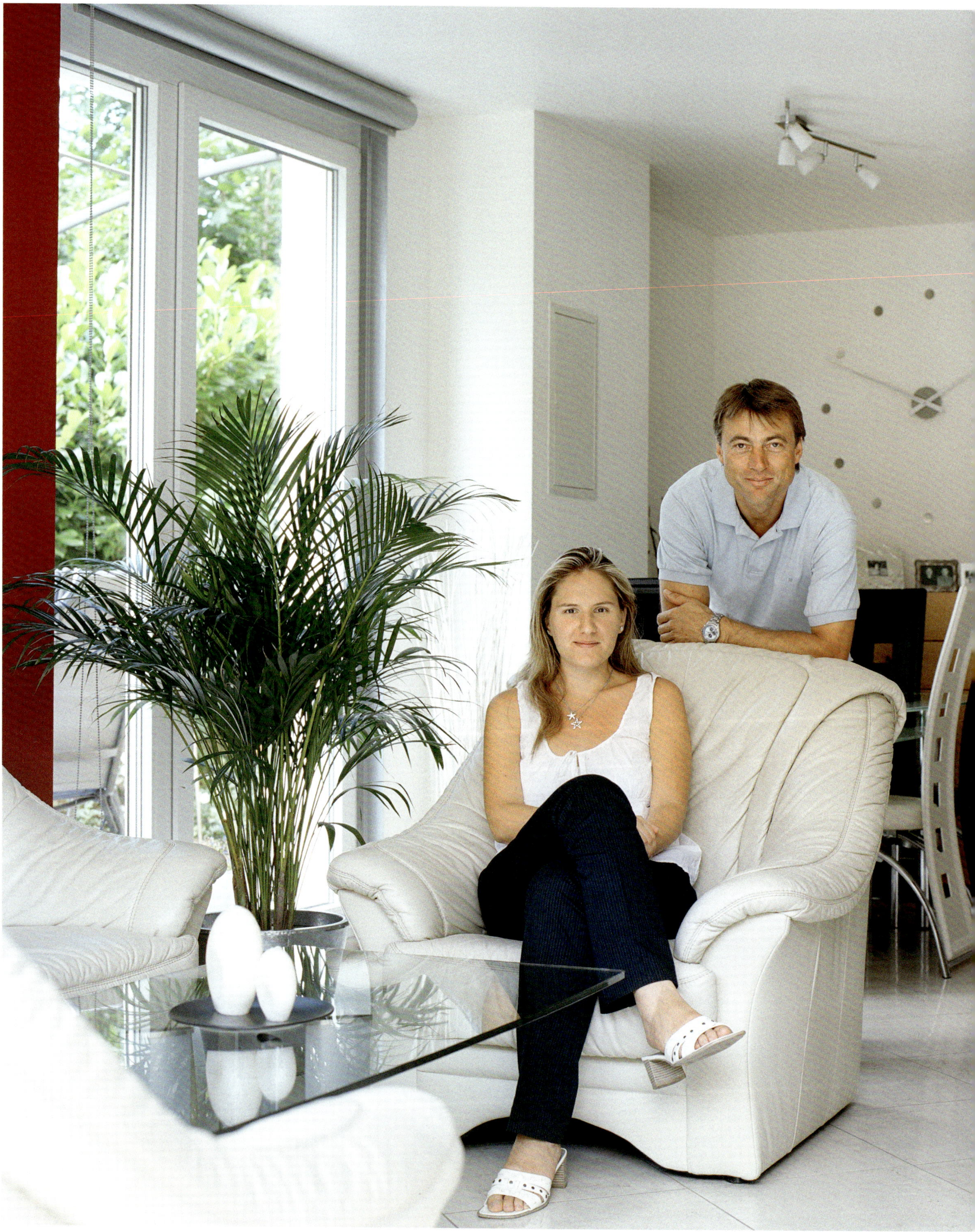

Gerd B., 43, Industriemeister
Rahela-Lidija B.-S., 29, Büroangestellte

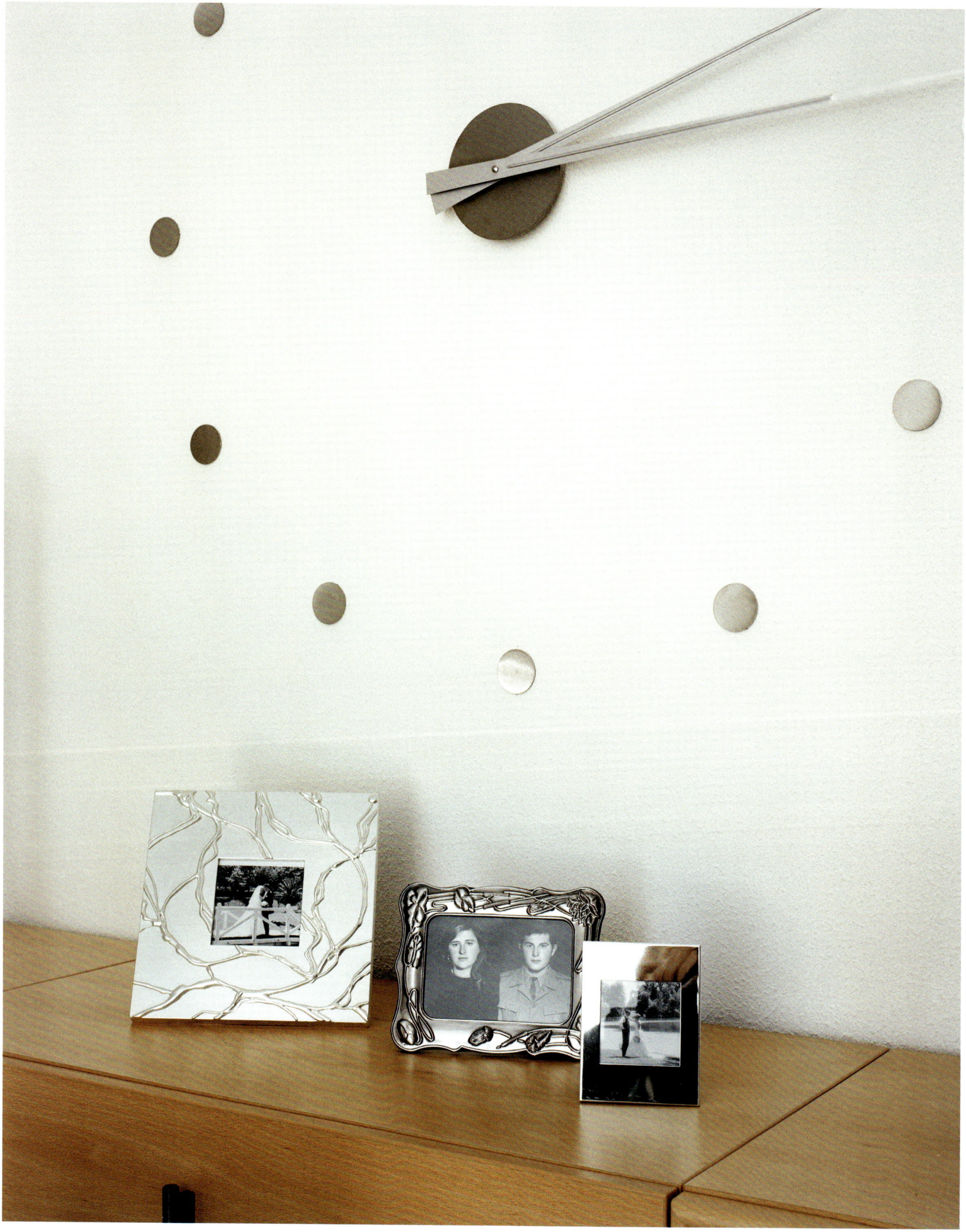

In Speyer-Nord wird Engagement und Solidarität großgeschrieben. Man setzt sich gemeinsam für Verkehrsberuhigung oder neue Schulbusse ein und stärkt das Gemeinschaftsleben durch Feiern. Es gibt Glühwein- und Kinderfeste sowie das alljährliche Siedlerfest mit einem großen Stadtteil-Umzug. Gerd B. ist als Beiratsvorsitzender des Wohnparks mitten im Geschehen: Er sammelt Spenden bei ortsansässigen Firmen, plant aus den Einnahmeüberschüssen von Würstchen und Glühwein ein Zelt zu kaufen. Mitmischen ist für B. selbstverständlich – nur beim Wohnen nicht. Für ihn kam nur ein Objekt in abgeschirmter Lage infrage. „Hier können wir sogar den ganzen Tag die Haustür offen stehen lassen."

Elif S., 72, Rentnerin
Aysun M., 33, Verkäuferin
Murat M., 32, Angestellter

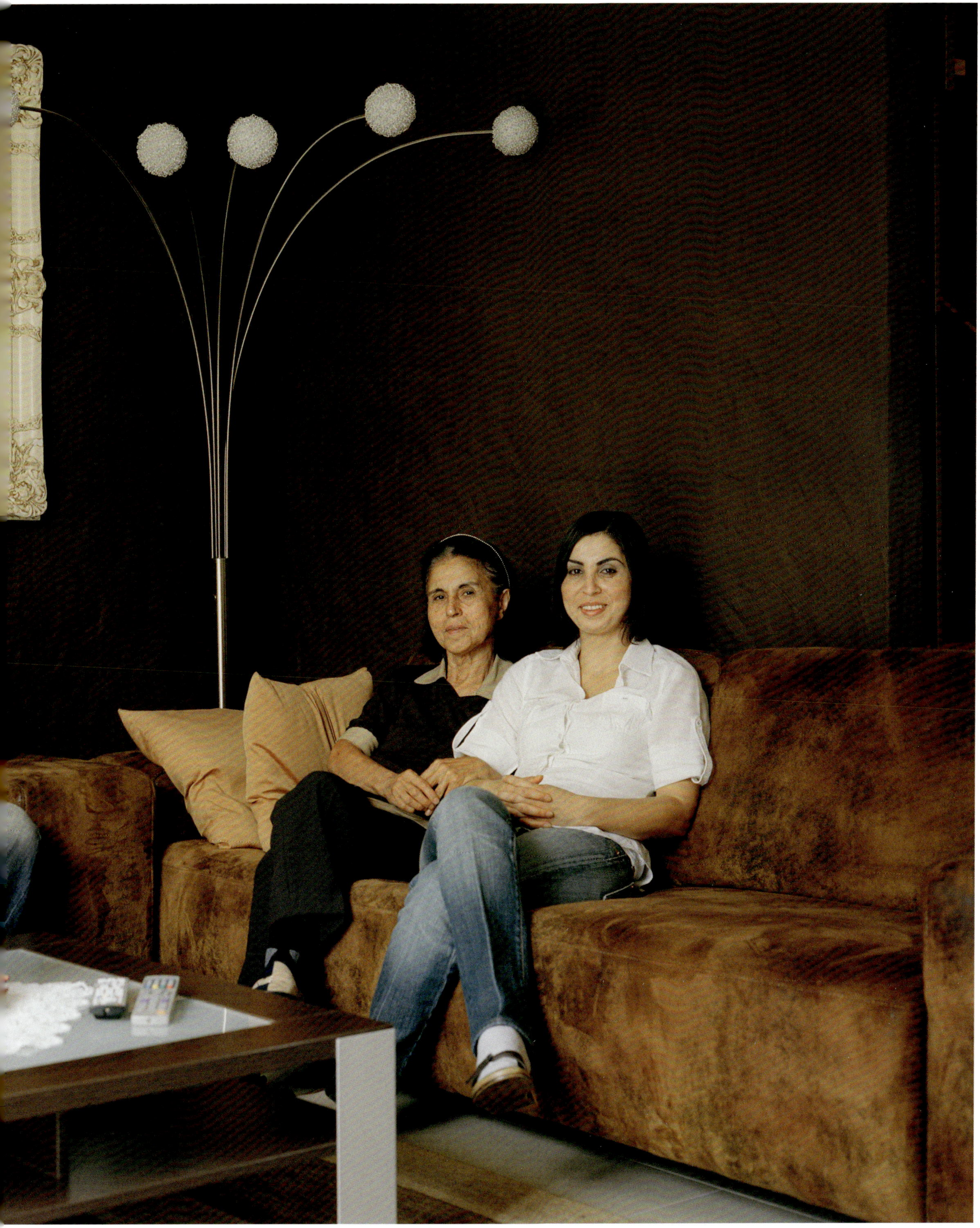

Als Murat M. mit der Idee von einem eigenen Haus ankam, winkte seine Frau Aysun zuerst ab: „Da habe ich das letzte Wort." Dann gewann ihr Mann seine Schwiegermutter zur Komplizin, Elif S., die seit 1970 in Deutschland lebt und heute noch so zart aussieht, dass Passkontrolleure der 72-jährigen Dame bei Türkeireisen das Alter absprechen.

Mann und Schwiegermutter verschafften sich den ersten Eindruck beim Besuch des Musterhauses. Angesteckt von ihrer Begeisterung bekam auch die Fantasie der jungen Frau Flügel. Weich wurde sie, als sich herausstellte, dass noch ein Reihenendhaus verfügbar war. Aysun M. willigte ein und behielt das letzte Wort – beim gemeinsam eingefädelten Entschluss.

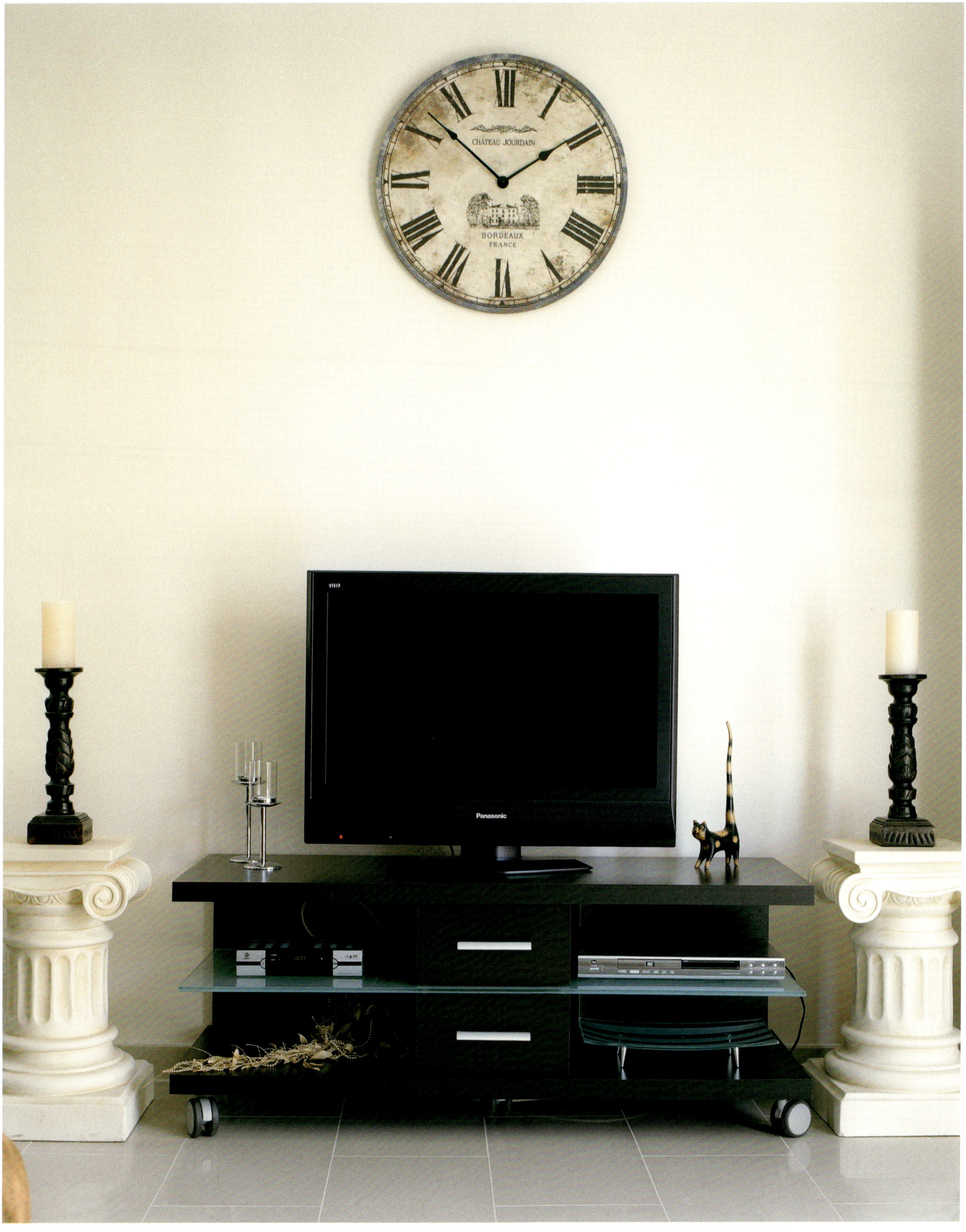
CHÂTEAU JOURDAIN
BORDEAUX
FRANCE
Panasonic

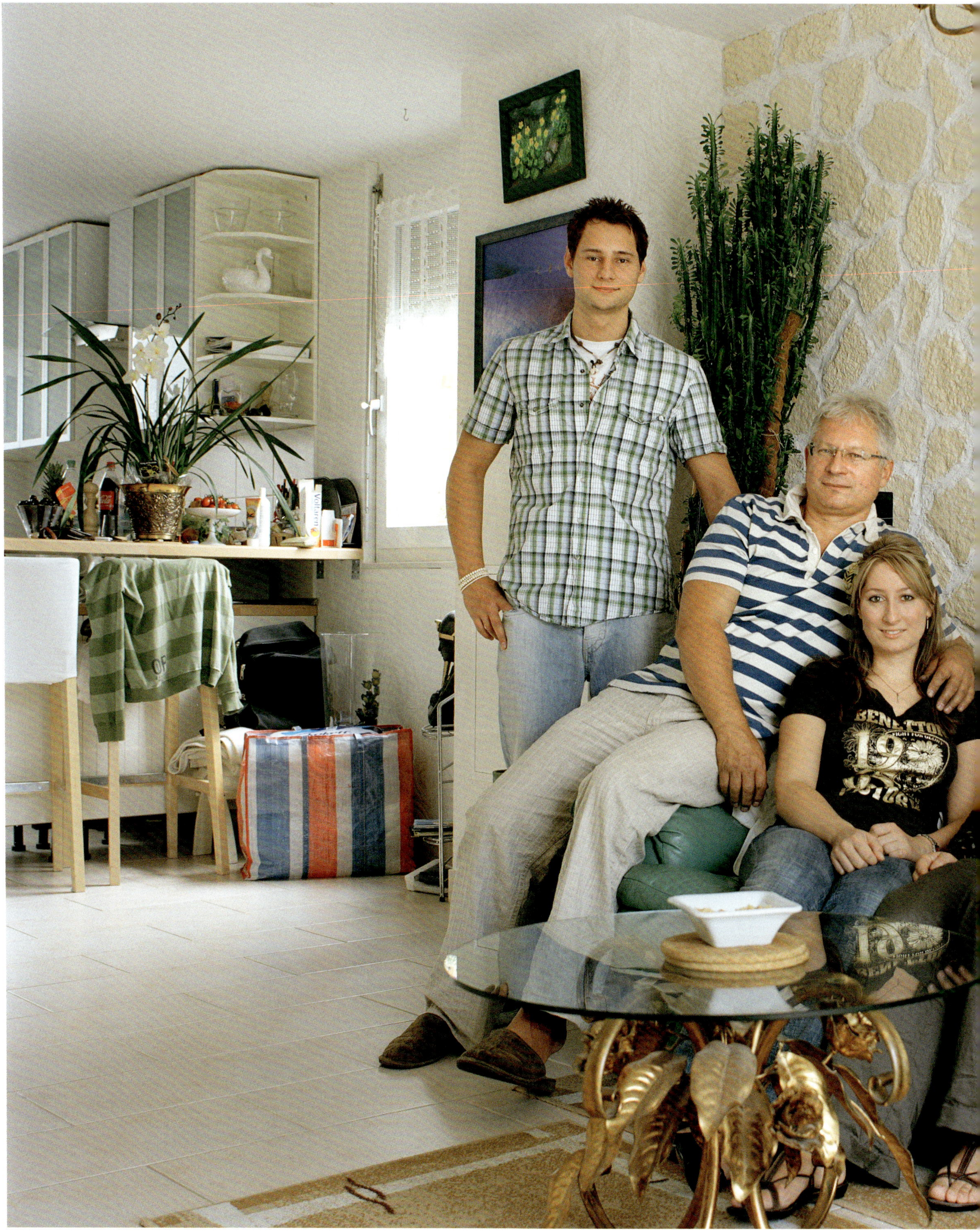

Andreas B., 53, Drucker
Eva S.-B., 50, selbstständige Kosmetikerin
Tamara, 24, Studentin der Germanistik und Volkswirtschaft
Andreas, 22, Student der Volkswirtschaft

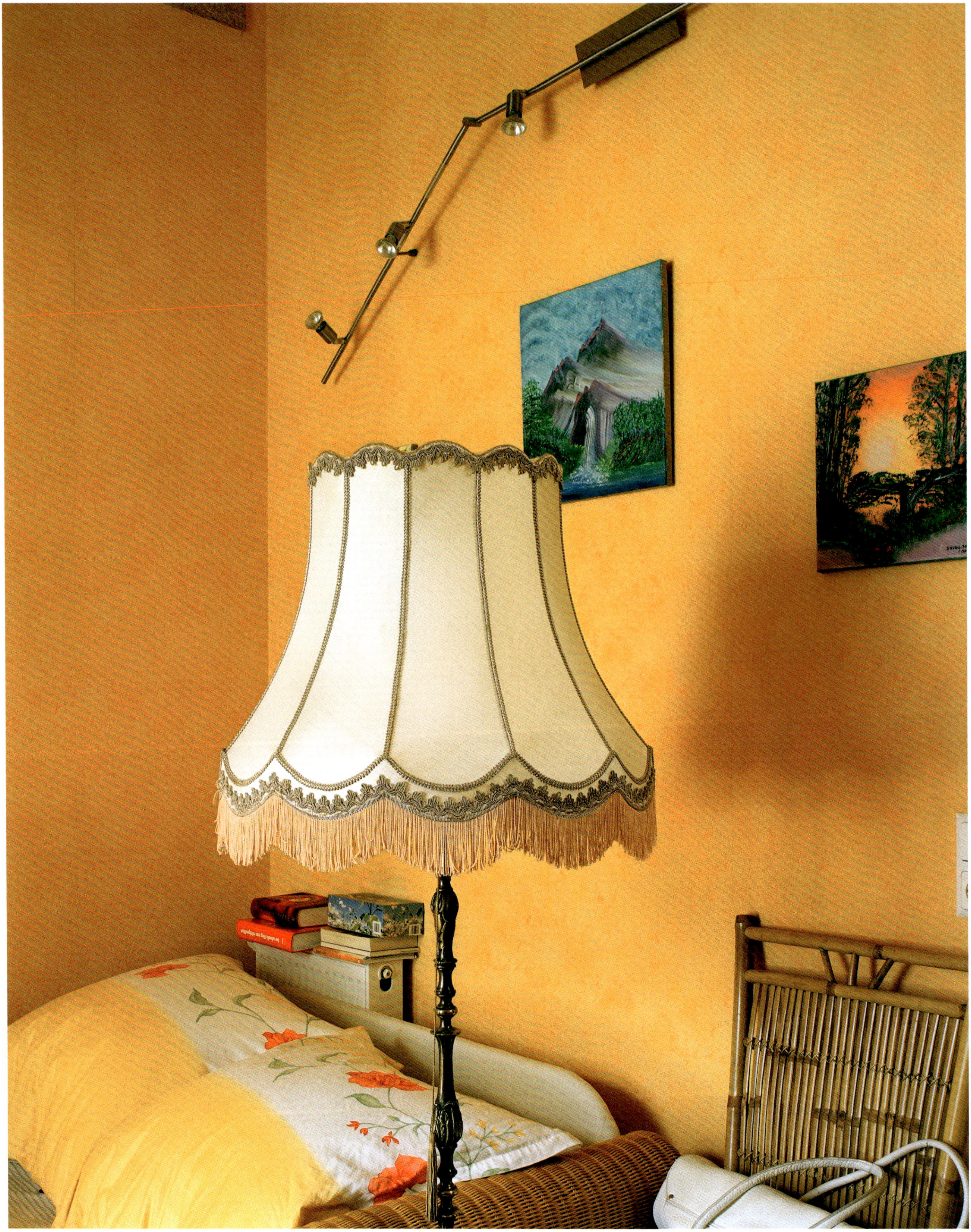

„Wenn meine Frau entspannen möchte, geht sie in ihr Atelier auf den Speicher und malt." Andreas B. zeigt florale Motive und Landschaften, die sich im ganzen Haus finden. Die aus Polen stammende Familie mag es gemeinschaftlich. Sohn Andreas, 22, steht in der Küche und bereitet Pizzateig vor. Tochter Tamara, die in Bonn Germanistik und Volkswirtschaft studiert, schnibbelt das Gemüse. „Das Familienleben ist bei uns sehr innig", erzählt die 24-Jährige, „früher haben wir alle zusammen in einer Wohnung gelebt, da geht man sich eher mal aus dem Weg. Aber seit meine Eltern das Haus besitzen, kochen oder grillen wir im Garten. Ich wohne zwar in Bonn, aber eigentlich bin ich dauernd hier."

Ursula C., 51, Vorarbeiterin im
pharmazeutischen Betrieb
Rüdiger C., 40, Software-Entwickler und Prokurist

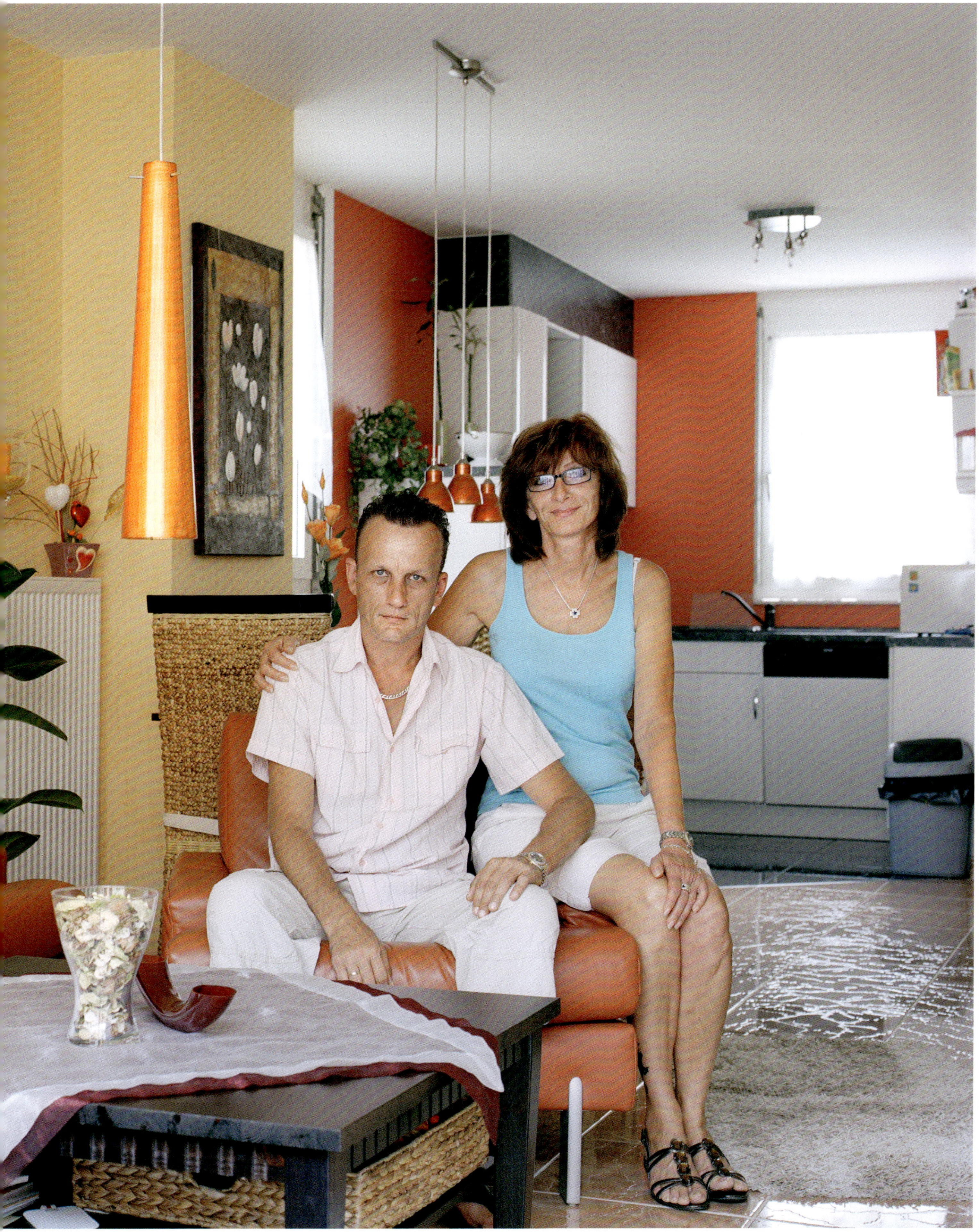

„Früher waren wir leidenschaftliche Camper. Inzwischen haben wir das abgelegt, genießen lieber unseren Garten und reisen ohne Bus. Zum Beispiel nach Texel oder Teneriffa. Unser Traumziel ist Bali", erzählt Ursula C., „aber da fahren wir auch noch hin." Sorgen über ein allein stehendes Haus macht sie sich nicht.

„Wenn wir unterwegs sind, haben die Nachbarn den Schlüssel", ergänzt ihr Mann Rüdiger C. „Gute Nachbarschaft ist wichtig, jeder achtet hier auf jeden. Wenn der Nachbar vier Wochen nicht da ist, mähe ich selbstverständlich seinen Rasen mit."

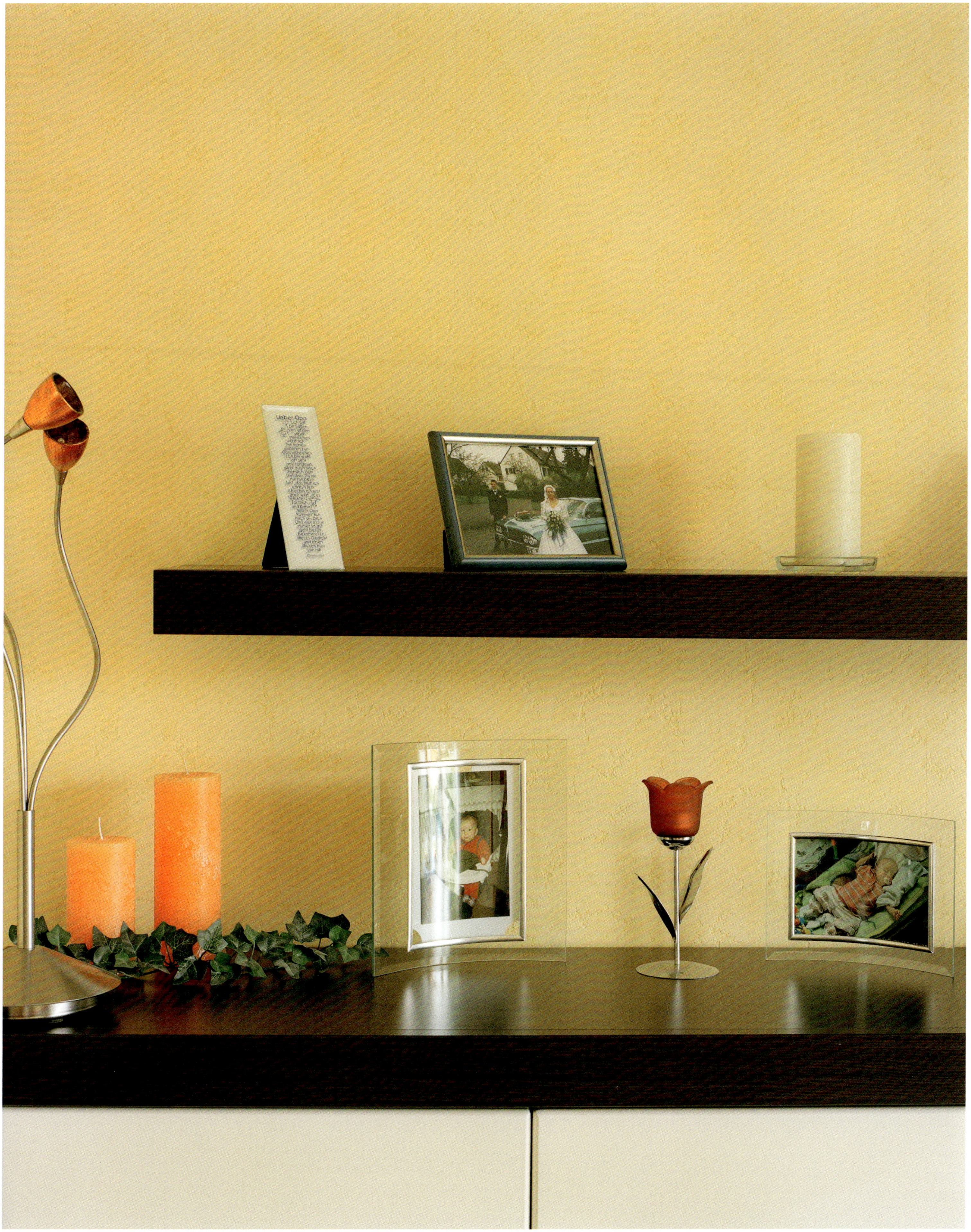

Olaf T., 30, Betriebswirt
Miriam T., 29, Fotolaborantin
Celina, 2

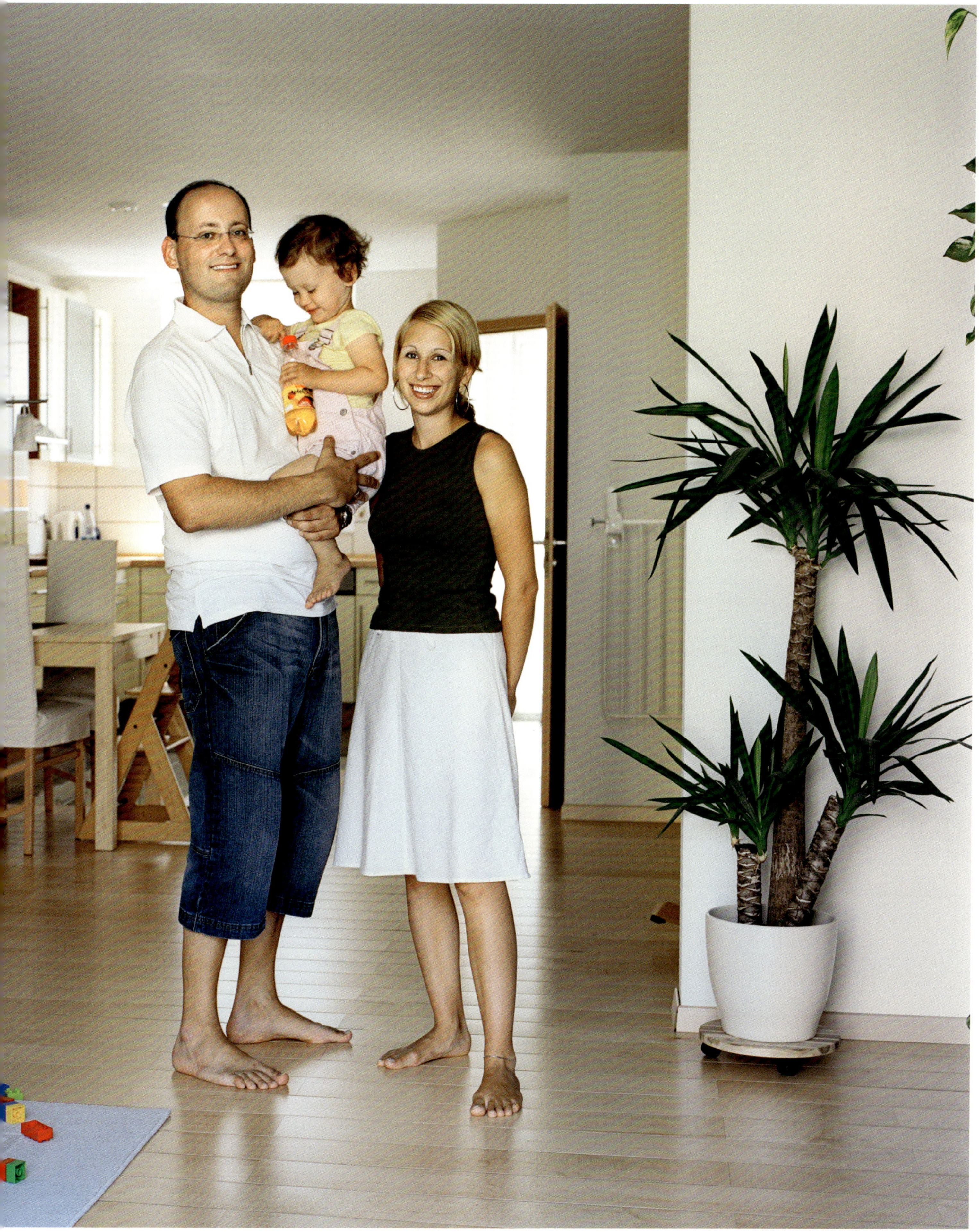

Langeweile kommt bei den T.s nur selten auf. Olaf T. verbringt 60 Stunden pro Woche an seinem Arbeitsplatz. Dazu kommt die Zeit, in der er sich für den Verwaltungsbeirat des Wohnparks engagiert. „Meine Frau hält mir den Rücken frei." Dabei absolviert die gelernte Fotolaborantin nebenbei noch ein Fernstudium als Immobilienmaklerin. Ihre dabei schon angeeigneten Fähigkeiten haben sich bei der Suche nach ihrem Haus als nützlich erwiesen.

Tochter Celina ist zwar erst zwei, drückt dem Heim der Familie aber bereits ihren Stempel auf: Spielzeug im Garten, eine Spielecke im Wohnzimmer und im geräumigen Kinderzimmer. Auch unterm Dach findet sich reichlich Platz fürs Kind. Oder für mehrere? Das Haus ist auf Familienzuwachs ausgerichtet.

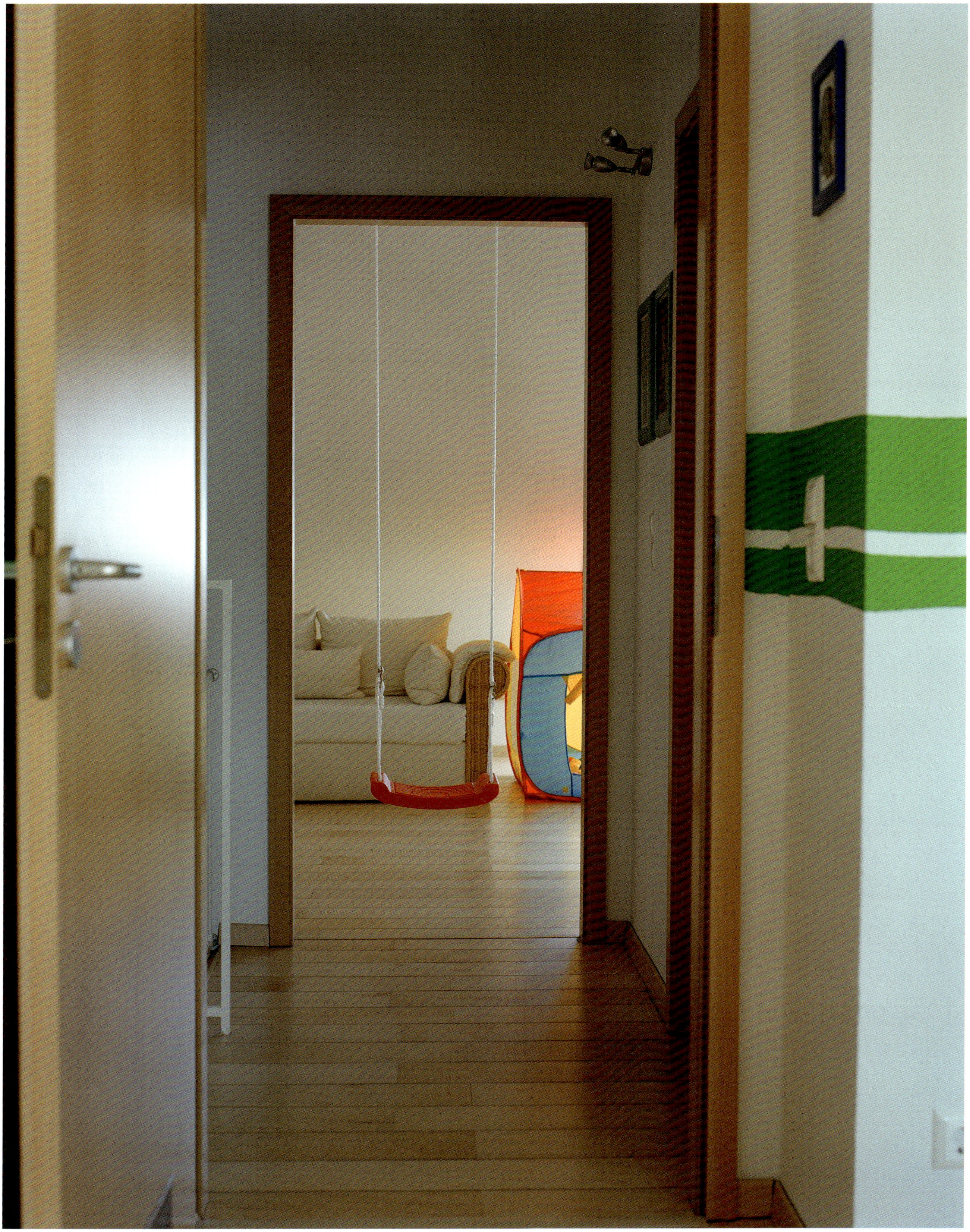

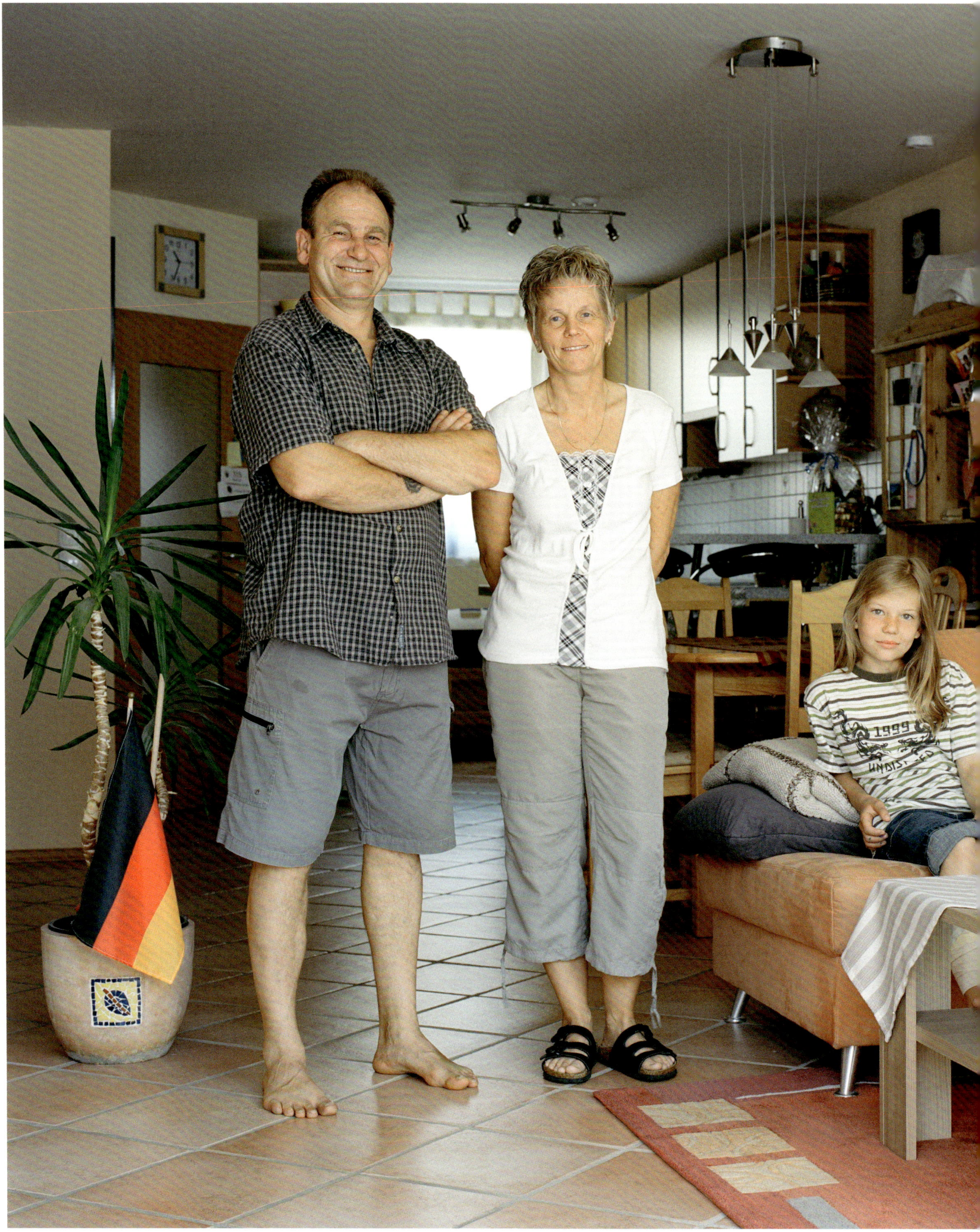
1999

Cornelia S., 43, Bürokauffrau
Michael S., 48, Abwassertechniker
Daniel, 15, Schüler
Michelé, 10, Schülerin

In deutschen Reihenhäusern | Speyer

„Wir lebten vorher in einem Mietshaus", erzählt der 48-jährige Michael S., „aber dort war man eher isoliert." Die S.s mögen Gemeinschaften – alle vier sind Sportler. Cornelia S. spielt in ihrer Freizeit Handball. Ihr Mann Michael gibt zu: „Ich bin ein närrischer Fußballer." Dass ihre Sprösslinge sportlich sind, war schon früh klar. Der 15-jährige Daniel wetteifert im Handball seiner Mutter nach und Michelé, 10, hält es diplomatisch: Sie glänzt mit beiden Sportarten. Dass die Familie hinterm Haus einen Bolzplatz hat, findet sie spitze, ebenso das neue Gemeinschaftsleben mit den Nachbarn. „Hier ist es urgemütlich", sagt Michael S., „alle halten zusammen – wie beim Mannschaftssport."

238 In deutschen Reihenhäusern | Frankfurt am Main

Elmer P., 46, Industriemeister der Chemie
Heike P., 45, Hauswirtschaftskraft in einer Kindergruppe
René, 16, Schüler

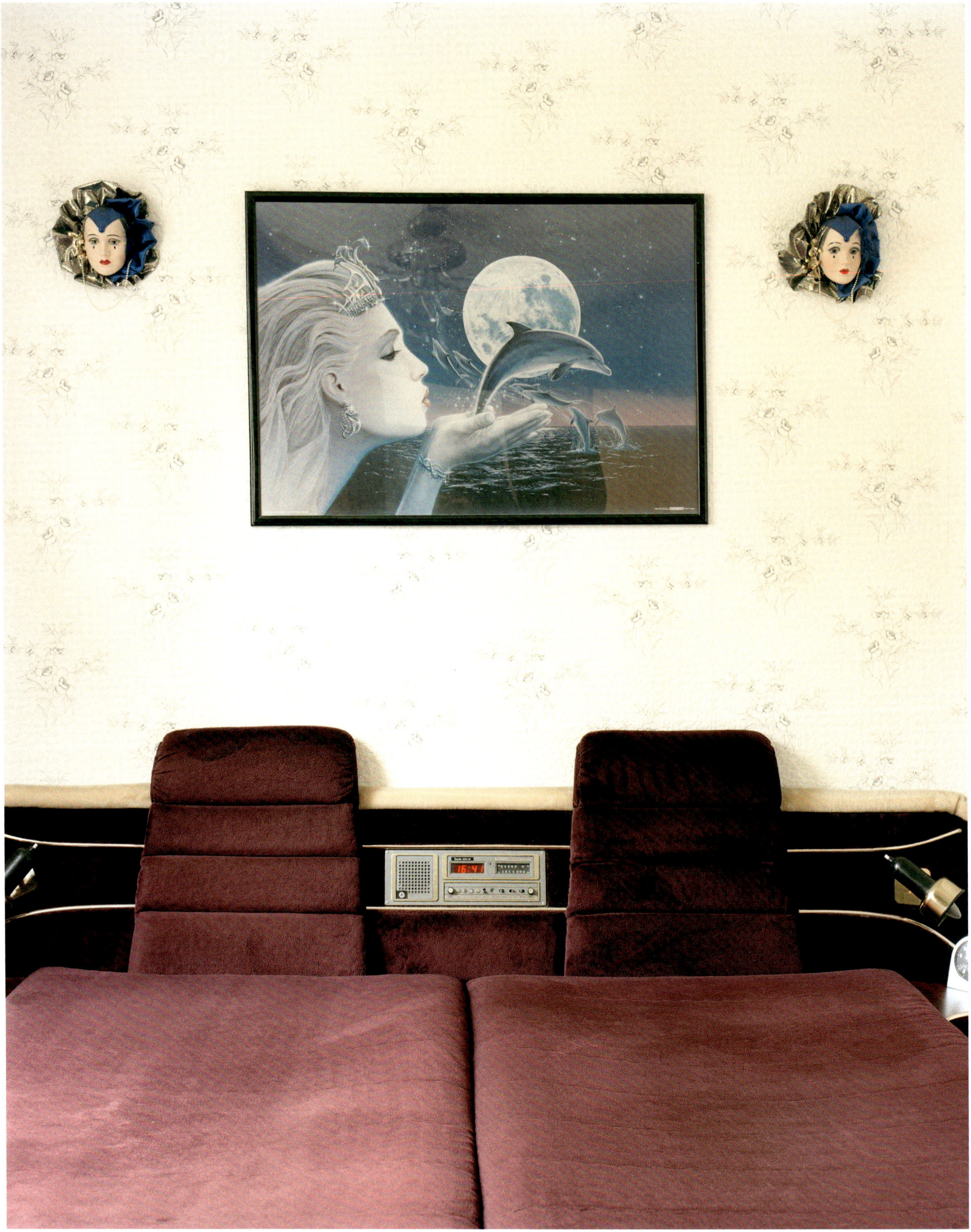

Eine Familie von Führungspersönlichkeiten: Vater Elmer ist Chef im Gesangverein. Sohn René, in dessen früheres Kinderzimmer gerade mal ein Bett gepasst hatte und der jetzt das gesamte Obergeschoss bewohnt, ist Mannschaftsführer im Tennisclub. Auch Mutter Heike hat Vorstandserfahrung, erwies sich aber vor allem als Führungskraft, als es galt, die unwirtlichen Vorgärten sämtlicher Häuser der Reihe mit Mutterboden zu versorgen. Auch sonst sind die P.s in allen Lebenslagen erfinderisch. Beim Einzug hatte Dauerregen das Grundstück in eine Schlammwüste verwandelt. Die Familie ließ den LKW kurzerhand rückwärts ans Haus fahren und entlud die Möbel durch die Fenster des ersten Stockwerks.

Marc Räder

Fotograf, lebt und arbeitet in Berlin.

Geboren 1966 in Bochum. Studium Kommunikationsdesign an der Folkwangschule, Essen. Fulbright-Stipendiat am California College of Arts and Crafts, Oakland, USA (1993/94). Krupp-Stipendiat für zeitgenössische deutsche Fotografie, Folkwang Museum, Essen (2000/01).

Veröffentlichungen: „Mallorca – Island in Progress", Nazraeli Press, USA (2007). „EX / IN", Katalog Edition Fotohof, Salzburg (2004). „Zeitgenössische deutsche Fotografie. Kruppstipendiaten 1982-2002", Museum Folkwang, Essen (2003). „Trade. Waren, Wege und Werte im Welthandel heute", Ausstellungskatalog Fotomuseum Winterthur, hg. von Thomas Seelig, Urs Stahel und Martin Jaeggi, Winterthur (2001). „Scanscape", Actar, Barcelona (1999).

Zahlreiche Einzel- und Gruppenausstellungen (zuletzt u. a. Berlin, Aarhus, Kopenhagen, Barcelona, Cordoba, Sao Paolo). Seine Arbeiten sind Bestandteil der Sammlungen mehrerer internationaler Museen, u. a. des Museum of Modern Art, New York.

Inken Herzig

Journalistin und Autorin, lebt und arbeitet in Köln.

Studium Literaturwissenschaft und Kunstgeschichte in Marburg. Ausbildung zur Redakteurin. Kultursendungen für SWR/WDR. Buchpublikationen. Seit zehn Jahren Magazin-Autorin. Tätig für architektur- und designbezogene Printmedien, u. a. Architektur & Wohnen, Elle Decoration. Lehraufträge. Chefredaktion des KAP Magazins. Mitinitiatorin von Rheindesign, Köln.

Albrecht Fuchs

Fotograf, lebt und arbeitet in Köln.

Geboren 1964 in Bielefeld. Studium Fotografie an der Folkwangschule, Essen. Aufenthalt in New York (1989). Porträts des Künstlers Martin Kippenberger und Dokumentation seines Projekts „Metro Net" in Dawson City, Kanada (1995). Lehraufträge an der Hochschule für bildende Künste Hamburg (2004/05) und an der Kunstakademie Düsseldorf (2006-08). Aufenthalt in Kuala Lumpur für ein Projekt des Goethe-Instituts (2005).

Veröffentlichungen: „M.K. 95", Snoeck, Köln (2007). „Albrecht Fuchs Portraits", Snoeck, Köln (2007). „darstellung vorstellung", König, Köln (2007). „Portraits", Tropen, Stuttgart (2001). „contemporary german photography", Taschen, Köln (1997). „Wirklich. 7 Positionen zeitgenössischer Fotografie in Deutschland", Stadtmuseum München (1997).

Zahlreiche Einzel- und Gruppenausstellungen (zuletzt u. a. New York, Berlin, Köln, Kuala Lumpur, Sydney, München, Amsterdam, Zürich, Düsseldorf, Basel). Seine Arbeiten sind Bestandteil der Sammlungen mehrerer internationaler Museen, u. a. des Museum Ludwig, Köln, und des Museum of Contemporary Art, Los Angeles.

Hartmut Häußermann

Soziologe, lebt und arbeitet in Berlin.

Geboren 1943 in Waiblingen. Studium an der Freien Universität Berlin, Promotion bei Urs Jaeggi (1975). Nach Professuren in Kassel (1976-78) und Bremen (1978-93) seit 1993 Inhaber des Lehrstuhls für Stadt- und Regionalsoziologie an der Humboldt-Universität zu Berlin.

Mitglied der Deutschen Akademie für Städtebau und Landesplanung und der Akademie für Raumforschung und Landesplanung (seit 1999). Präsident des Research Committee on Regional and Urban Development der International Sociological Association (2002-06). Preisträger der Thyssen-Stiftung für den besten sozialwissenschaftlichen Aufsatz in einer deutschen Fachzeitschrift (1994), der Schader-Stiftung (2003) und des Fritz-Schumacher-Preises der Toepfer-Stiftung (2003).

Veröffentlichungen u. a.: „Stadtpolitik", Suhrkamp, Frankfurt am Main (2008). „Stadtsoziologie. Eine Einführung", Campus, Frankfurt am Main (2004). „Stadterneuerung in der Berliner Republik. Beispiel Prenzlauer Berg", Leske + Budrich, Wiesbaden (2002). „Berlin: Von der geteilten zur gespaltenen Stadt? Sozialräumlicher Wandel seit 1990", Leske + Budrich, Wiesbaden (2000). „Soziologie des Wohnens. Eine Einführung in Wandel und Ausdifferenzierung des Wohnens", Juventa, Weinheim (1996).

Werner Sewing

Soziologe, lebt und arbeitet in Berlin.

Geboren 1951 in Bielefeld. Studium Soziologie, Politikwissenschaften und Geschichte in Bielefeld und Berlin. Promotion 1995. Forschungsaufenthalte und Lehraufträge bzw. Gastprofessuren an der Bauhaus-Universität, Weimar (1992-95), an der University of California, Berkeley, USA (2000), am Bauhaus-Kolleg, Dessau (2001/02) und der Universität der Künste, Berlin (1995-2005). Visiting Lecturer und Visiting Critic an der Architectural Association, London (2001). AlcatelSEL-Fellow am Internationalen Zentrum für Kultur- und Technikforschung der Universität Stuttgart (2004). Vertritt seit 2008 den Lehrstuhl für Architekturtheorie an der Universität Karlsruhe.

Mitglied in der Deutschen Akademie für Städtebau und Landesplanung. Vorsitzender des Fördervereins Baukultur bei der Bundesregierung. Präsidiumsmitglied im Konvent der Stiftung Baukultur (bis 2007). Preisträger des Erich Schelling Preises für Architekturtheorie (2006).

Veröffentlichungen u. a.: „Architecture: Sculpture.", Prestel, München/Berlin/London/New York (2004). „Bildregie. Architektur zwischen Retrodesign und Eventkultur", Birkhäuser, Basel/Boston/Berlin (2003). Mitherausgeber der Bauwelt-Fundamente. Regelmäßig architekturkritische Beiträge in der Wochenzeitung Die Zeit und der Zeitschrift Arch+.